青春期男孩心理成长手册

蔡万刚◎编著

中国纺织出版社

内 容 提 要

青春期被称为“花季”，但也是“雨季”；青春期的一切都是朝气蓬勃的，但也会产生许多烦恼。每个青春期男孩都需要一个心理导师来为自己指点迷津，为自己解惑答疑。

本书就是从青春期男孩的心理成长角度出发，对青春期男孩遇到的各种困惑的问题予以解答，并且对他们这段时间的人生观、价值观予以正确的引导，以帮助每个青春期男孩以乐观的心态、真实的本领去迎接未来的人生！

图书在版编目（CIP）数据

青春期男孩心理成长手册／蔡万刚编著. --北京：中国纺织出版社，2019. 11 （2020.2重印）
ISBN 978-7-5180-6039-9

Ⅰ. ①青… Ⅱ. ①蔡… Ⅲ. ①男性—青春期—心理健康—健康教育 Ⅳ. ①G479

中国版本图书馆CIP数据核字（2019）第051893号

责任编辑：李 杨　　责任印制：储志伟

中国纺织出版社出版发行
地址：北京市朝阳区百子湾东里A407号楼　邮政编码：100124
销售电话：010—67004422　传真：010—87155801
http：//www.c-textilep.com
E-mail：faxing@c-textilep.com
中国纺织出版社天猫旗舰店
官方微博http：//weibo.com/2119887771
三河市延风印装有限公司印刷　各地新华书店经销
2019年11月第1版　2020年2月第2次印刷
开本：880×1230　1/32　印张：6.5
字数：171千字　定价：39.80元

前言

生活中的男孩们，曾几何时，你发现自己长大了，你的身体在一天天变化着，逐步成熟，慢慢地，你进入了青春期。

然而，成长是那么神奇，却又充满烦恼，你觉得自己突然变成了一个小刺猬，一不小心就扎伤了身边的人，殊不知，这是青春期特有的情绪反应。

青春期是每个人一生当中的重要时期，是从幼儿时期过渡到成人时期的一个转折阶段。在这一阶段中，男孩会感到自身的机体在生长、发育、代谢、内分泌功能及心理状态诸方面均发生显著变化。所以说青春期是由儿童成长为大人的过渡时期，是决定人一生发育水平的关键时期。男孩虽然没有女孩娇贵，但是，面对青春期的这些变化，也会感到忧虑、惶恐和不安。

另外，在青春期，随着生理的变化，男孩开始关注自己的外貌，关注异性，开始对某个异性产生好感，认为这是“爱情”，然而又不好意思倾诉出来，这让男孩无所适从……

还有，进入青春期后，由于青春期的男孩情绪波动大，缺乏一定的的自我管控能力，因此，一旦在交友、学习、生活方面遭到挫折，很容易出现沮丧的情绪、一蹶不振……

尽管青春期的男孩会遇到各种各样的烦恼，但成长是无法拒绝的，那些风风雨雨也总会过去，留下的将是最美好的回忆。那么，面对青春期的困惑，我们应该怎样度过这一特殊时期呢？

很简单，这本《青春期男孩心理成长手册》会解除你的困惑，帮你战胜内心的“小怪兽”，让你不再做那只扎人的“小刺猬”。的确，青春期是一个过渡阶段，是一个有风有雨的季节，但同时也是一个充满欢乐的季节。在这个季节里，有付出，有汗水，有痛苦，有挣扎，但这就是成长。度过青春期，你迎来的就是成熟，就是风和日丽。

本书从男孩心理成长的角度，直击每一个男孩的内心深处，为男孩解析每一个心理困惑。它能让每一个男孩都通过这样一种交流的方式来获得成长的体验，从而成长为一名真正的男子汉。

编著者

2018年11月

目录

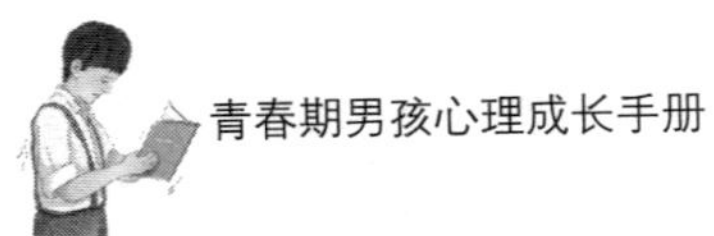

第01章

青春期性情变化，男孩有了心事就要说出来

青春期是每个男孩从孩童过渡到成人的时期。这个时期，他们的身体在日益成长着，随之产生心理上的渴望成熟；并且，随着独立意识日益明显，他们逐渐有了很多心事。而青春期男孩，你要明白的是，有心事闷在心里对于身心发展都是不利的，善于与周围的人沟通，说出心事，这才是有助于成长的正确方法。

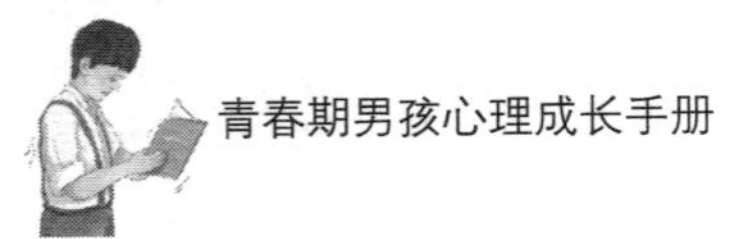

爸爸妈妈，请给我点自己的空间

小君出生在书香门第，从小受家庭氛围的熏陶，谦虚有礼、努力学习，深得父母和其他长辈的喜爱。父母也对他百般呵护。但小君的家教很严，爸爸妈妈经常用古人的教子经验来教育儿子，告诉儿子不许这样、不许那样。在十几岁以前，小君也一直是个很听话的怪男孩。

进入初中以后，随着学习和生活环境的变化，父母的管教让他觉得很烦躁，他甚至觉得家就像个牢笼一样，开始害怕回家。

一次，天都黑了，小君爸妈发现儿子还没回家，问了所有同学都没有儿子的消息，他们只好自己找，结果却发现小君一个人坐在学校的操场上发呆。他们纳闷了：儿子到底是怎么了？

这里，小君为什么不想回家？因为家对于他来说家就是束缚。事实上，生活中，我们每个人都需要自由，对于青春期的男孩来说也一样。当他们进入青春期，他们的自主意识会越来越明显，对于无法呼吸的成长环境，他们一定会反抗。

每个青春期的孩子最渴望的就是得到父母的理解，于是，我们发现，很多青春期孩子举着“理解万岁”的大旗高呼“父母不理解我”、渴望自由。每个孩子都希望生活在一个民主型

的、和睦的家庭中，这样的家庭才会给自己一个温暖的归属港湾；当家庭不和睦时，孩子就会“有被抛弃感和愤怒感，并有可能变得抑郁，敌对，富于破坏性……还常常使得他们对学校作业和社会生活不感兴趣”。

可见，任何一个孩子，都希望得到父母的认可和尊重，希望父母承认自己已经长大，能够处理一些自己的事情，需要更多的空间；而更多时候，家长往往仍把他们当成未成年人，所以对他们仍抱有一定的不信任态度。有些孩子一旦发现父母这种心态，便会觉得自己被他们轻视、小看了。这往往会打击他们的积极性，使他们对长辈产生半敌视心态。

因此，作为青春期男孩，你若需要父母的理解，需要父母给你空间，那就不妨说出来，不妨开诚布公地与父母谈一谈，做父母的都年轻过，你的想法他们能理解。父母限制你的空间，是希望你能花更多的时间学习，可怜天下父母心，没有哪个父母不关心自己的孩子。世界上最爱你的人非你的父母莫属。无论你是什么样的孩子，你有什么样的父母，抛开所有外界的条件，父母对你的爱是最纯净、最无私、最可贵的。他们可能无法完全理解你那五彩斑斓的世界，但是请你相信父母对你最最毫无保留的爱。请每天都在成长的你、每天都很容易接受新鲜事物的你，理解他们对你的爱，主动和他们沟通，告诉他们你的世界你的想法，即使他们不了解。有爱这个基础，还有什么鸿沟跨越不了？

火气重，脾气暴躁是为什么

一天，平时工作非常忙碌的刘太太就被儿子老师的一个电话叫到学校，原来是儿子在学校闯祸了，可是令她不解的是，儿子一直很乖，连和人大声说句话都不敢，怎么会闯祸呢?

她匆匆忙忙赶到学校，才问清楚情况：原来是班上有些男生挑事，说刘太太太的儿子小强是“胆小鬼”。老师告诉刘太太，班上传言，小强喜欢某个女生，但一直不敢说，这些男生知道后，就拿这件事嘲笑小强。而小强则因为这件事很生气，于是大打出手，体型高大的他把这几个男生打得鼻青脸肿。

“我的孩子怎么了？”刘太太很是不解。

一向乖巧的小强怎么会突然这么容易被激怒而向同学大打出手？日常生活中，如果我们被人叫作“胆小鬼”，兴许我们会生气，但绝不会太过情绪激动而做出一些伤人害己的事。其实，这是因为青春期是一个负重期，随着时代的进步，尤其是男孩，他们的压力也越来越重，他们至少面临着三方面的压力和挑战：

一方面，身体发育速度加快，能量的积蓄让他们容易产生情绪；

另一方面，学习上的任务重，升学压力大，竞争激烈；

再一方面，要求交流的意愿和渴望独立的想法日益强烈。

这三方面的压力常常交织在一起，矛盾此起彼伏，而青

春期的男孩心智并没有发育完全，毕竟，他们还是一群大孩子，也不懂得如何权衡这些压力，日常生活中很容易遇到一些刺激，青春期的他们把什么都挂在脸上，不像成年人那样善于控制或掩饰自己，常常喜怒皆形于色，于是，发火就成了常有的事。美国的一位心理专家说："我们的恼怒有80%是自己造成的。"而他把防止激动的方法归结为这样的话："请冷静下来！要承认生活是不公正的。任何人都不是完美的。任何事情都不会按计划进行。"

所以，青春期男孩要告诉自己，"发火前长吁三口气"，事实上，很多事情都没有想象得那么严重。如果不学着去控制自己的情绪，任着性子大发脾气，不仅解决不了问题，还会伤了和气。

当然，心中有了不快是需要发泄的，不能把这种不快的情绪一直郁结在心中，但不能把这种情绪传染给别人。你可以通过读小说、听音乐、看电影、找朋友谈心来宣泄自己的这种情绪，也可以大哭一场。不要以为哭只是脆弱的表现，大哭一场可以宣泄我们心中的苦闷，找回心里平衡。如果压抑的情绪一直没有得到宣泄和疏导，对身心的危害将会更大。

男孩天生是运动健儿，你还可以通过运动锻炼来缓解自己想发火的情绪。科学家认为，有氧运动，如散步、慢跑、游泳和骑自行车等，可使人信心倍增、精力充沛。因为这些活动能使人的机体得到彻底的放松，从而摆脱不良情绪。

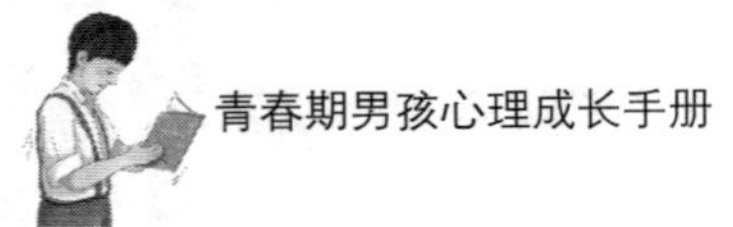

有心事了该怎么办

一天，小志妈妈和王刚妈妈在社区碰到，两个母亲聊起了自己的儿子，小志妈妈叹着气说：“孩子大了最让家长操心，小时候就算打他一顿也一会儿就没事了，现在说他几句就和你赌气几天。我都不知道我儿子具体是什么时候突然变得古怪了，平时稍微说点什么吧，他就斜视你说：‘我都这么大了，你唠叨什么呀！让我清静点不行吗？’小时候叽叽喳喳地说个没完，现在长大了却是难得听他说点关于学习和生活上的事。我们做家长的试图跟他讨论了解点什么吧，他就牛头不对马嘴地敷衍几句。他对他最好的几个朋友也不像以前那么热情友好了。放学回家就把自己反锁在房间里听音乐，一待就是几个小时。他经常听首老歌，歌词大概是：‘我醉了，因为我寂寞，我寂寞，有谁来安慰我……’问他为什么总是沉默不语地不理会人，他就没好气地回答：‘我想安静，沉默说明我在思考问题，我已经长大了，需要把很多事情考虑清楚。’哎，小志今年才十四岁，根本就是小孩子。我们单位的同事说他们的孩子也有这种情况，真不知道孩子们怎么了。”

青春期的男孩，都开始形成自我意识，开始不服家长的管教，逐渐进入叛逆期。叛逆期的一个典型表现就是与父母疏远，不再向他们倾诉。我们发现，一些男孩似乎总是与世隔绝，放学后一回到家中便大门不出、二门不迈，也只有网络能

将他们与世界接连上，而这些男孩，也似乎只有在网络里才可以找到听懂他们的话、了解他们的人，这就是很多青春期的孩子迷恋网吧的原因。更为严重者，有些男孩，感到自己孤独，他们发泄心事的方式十分偏激，有的通过身体，有的通过沉默，有的通过幻想，这也造成了诸如多动症、抑郁症、迷恋网吧等现象，更有甚者，会通过打架、行凶、吸毒来释放。其实这一切的表现都来自于人需要释放的本能，这些男孩在自己发泄完后，也会发现自己的行为过火了，也很悔恨，但他们找不到控制自己的办法，于是又寻求其他方式发泄自己的内心感受，如此循环，陷入怪圈，却始终找不到排泄内心能量的出口。

其实，当你有心事时，要学会和别人分享，不要自己硬抗，缺少有效的沟通，会造成很多心理压力和心理疾病，如抑郁症、焦虑、强迫等。这些心灵的创伤很大一部分就来自于不能释放自己的情绪，当内心的情绪被锁定在生命中无法释放时，生命的动力、创造力、智慧、人际关系都被压抑在其中。

因此，亲爱的孩子，当你有心事的时候，不妨和父母沟通，如此，你会有更多的倾诉和释怀。生活中，你与父母之间存在一些代沟，不仅是因为父母工作忙、没时间，也和你拒绝沟通有关，在以往的生活体验中，很多男孩都有过这样的经历，对于很多事情，他们选择独自承受，不愿意和父母分享。当你们有话不能讲、不愿讲时，距离就产生了，这是人为制造

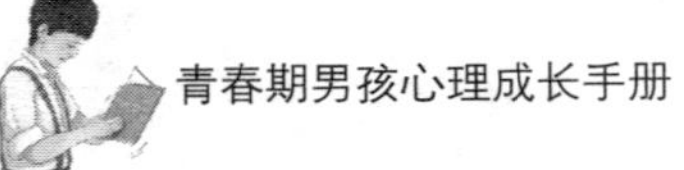

出来的距离。换个角度，如果有一天你的孩子有话不愿意对你说，你的感觉又如何呢?

我们都知道，父母毕竟是过来人，人生阅历比你多，你遇到的一些心事，也许父母能帮你找到解决的方法，敞开心扉交谈，远比你一个人扛好得多。

再者，老师和朋友也是很好的倾诉对象，你的心事只不过是老师遇到的一个个案而已，他能为你提供最好的解决办法；而当你无法和师长沟通时，或许同龄人可以理解你，因为他们会有同样的体会。总之，青春期男孩，你要有一定的承受能力，别让心事压垮自己，学会倾诉，学会沟通，心事才会随风而去，你才会快乐。

面对挫折不知所措

某中学有个叫小飞的男孩，由于家庭贫困，住在郊区的平房内，他不得不住校，同时，他还很内向。他觉得自己如果学习不好就对不起自己的父母，因为父母为了让自己上学付出了很多；但让他不能接受的是，他的成绩在班上只能算中等水平。他每天花费很多时间在学习上，晚上学校熄灯之后仍打着手电筒学习，但学习成绩仍然不见提高。他感觉很悲观，甚至对自己的智力有些怀疑。

小飞有这样的情绪是一种挫败感的表现，处于青春期的男孩，受到的压力随着时代发展越来越严重，他们处于人生的转折点，不能避免许多失败、许多不顺利，所以心理问题也就随之而来。

青春期男孩的挫折，主要来自于以下几个方面：

1.学习挫折

学生的挫折多半与学习有关，这一点，在那些学习成绩优异的男孩身上表现得更为明显。他们是老师眼中的乖孩子，是同学们眼中的佼佼者，更受到家长的宠爱，时间长了，他们形成“只能好不能差”的思维定式，对失败缺乏必要的心理准备，一旦某次考试出现失误，便会感到心理压力增大，产生强烈的挫折感。而同时，也有一些男孩子，因为长期学习成绩欠佳，被周围的同学歧视、老师不重视、家长打击，挫折感总是如影随身。因学习上遇到挫折而产生苦闷是正常的，关键在于能否振奋精神，正视自己的失败，找到问题的症结所在，从而获得战胜挫折的力量。俗话讲“失败是成功之母”，就是这个道理。

2.交往挫折

青春期，一颗懵懂的心很渴望交流，恰当的交流，对男孩的身心发展是很有利的。但是有些男孩常常在人际交往中感到不适、惶恐乃至，害怕与人接触。有些男孩在交往中遇到问题时，常常认为是自己缺乏能力所致，久而久之，便对自己失去信心。其实交往障碍的实质是不安、恐惧心理的一种自我强化，并不是因为自己“无能”。

3.情感挫折

情感挫折一般有三类情况：

亲情上的挫折：如父母离异、亲人死亡等。

爱情上的挫折：如早恋、单相思、失恋等。

朋友聚散带来的情感挫折：因为朋友的变故而造成情绪、情感波动的情况时有发生。每个人都在不断地付出着，同时也在不断地等待着情感上的回报。当朋友欺骗了自己或是背叛了自己的时候，多数男孩会感到伤心、愤怒或仇恨。

另外，你可以从以下几个方面减轻自己的挫败感：

1. 作好迎接挫折的心理准备

你要明白，没有人的一生会是一帆风顺的，谁都有可能遇到挫折，没有挫折的人生是不完整的，只要你作好随时迎接挫折的准备，你就没有什么可怕的。

2. 培养坚强的意志

贝多芬：“卓越的人一大优点是：在不利与艰难的遭遇里百折不挠。”意志力是一种重要的品质，每个男孩在成长的过程中都应该有意地培养，尤其是抗挫折的意志力。有了坚强的意志，就能按照理智的要求控制自己，冷静、全面地看待生活中的挫折，增强对挫折的耐受力。

3. 懂得倾诉

人在遇到挫折时，往往会出现消沉、苦闷、焦虑等情绪状

态，建议你能够向父母、老师或知心朋友倾诉衷肠，这样做一方面能缓解沉重的心理压力，另一方面能令你从中获取应对挫折的勇气和方法。

挫折，既能锻炼一个人、激励一个人，也能摧毁一个人，关键在于人自身如何对待它。遇到挫折后，逃避是消极的反应，只要你积极地面对挫折，即将挫折视为通往成功的必经之路，你就能战胜挫折，将挫折踩在脚下。

好面子，就要讲哥们儿义气吗

这天，某中学初一（3）班发生了一件“震撼”的事。

原来，为期三个月的班干部试用期过了，班上要重新选班干部。班中男生支持的两个同学票数各占一半，当时正值中午，老师决定下午再商讨。结果，就在午休的半个小时中，班上出现了一场激烈的战斗，要不是班主任老师及时出现，这些男孩子就要抄“家伙”了。而经过了解，原来，这两位班长候选人早就各有在班上培植了一批“小弟”。其中有几个胆小的男孩对老师透露，其实，他们不想加入的，但又怕被其他男同胞们鄙视，只能加入了。老师是又气又急，现在的孩子，小小年纪就盲目讲哥们儿义气了。

后来，班主任老师请来了几位家长，共同商量怎么解决这事，结果有位家长说："我的儿子学习非常好，这您是知道的，但就是逆反心理特强，不听爸爸妈妈的话。另外，这孩子从小就喜欢看《水浒传》，因此特别注重友谊。今年暑假的时候，他去看了他小时候的玩伴，那个男孩被社会上的人打了，结果我儿子居然买了一把很长的匕首，非要帮那玩伴报仇，要不是我们及时发现，恐怕都已经酿成大错了，老师，我想知道他的心态是怎么样的情况，我们应该怎么教育呢？"

其实，这些现象在青春期的孩子身上已经不少见，尤其是在男孩子中间。这些孩子，一到初中，随着年龄的增长、视野的开阔，对外界事物所持的态度的情感体验也不断丰富起来，他们渴望交友，都有了自己的交友圈子，都有自己的几个哥们儿，于是，相互之间称兄道弟，并盟誓要有福同享有难同当等，这就是哥们儿义气。

青春期的孩子要想摆脱哥们儿义气的负面影响，就要明白：

1.了解什么是"哥们儿义气"

"哥们义气"是一种比较狭隘的封建道德观念。它信奉的是"为朋友两肋插刀""士为知己死""有难同当，有富同享"，即使是错了，甚至杀人越货、触犯法律，也不能背叛这个"义"字。总之，它视几个人或某个小集团的利益高于一切。因而，它与同学之间的真正友谊是截然不同的。

其实，青春期男孩有一个比较显著的特点是比较单纯，喜欢交往，注重友情。在同学的交往中，这种感情是最真挚的，

但也不排除个别情况，比如，由于各种因素的影响，一些同学缺乏明确的道德观念，分不清什么是真正的友谊，甚至把“江湖义气”当成交朋友的条件，致使自己误入歧途。

2.了解什么是真正的友谊

友谊应该是人与人之间的一种真挚的情感，是一种高尚的情操，友谊使你赢得朋友。当你遇到困难和危险时，朋友会无私帮助你；当你有了烦恼和苦闷时，你可以向朋友倾诉。

友谊与哥们儿义气是不同的，友谊是有原则、有界限的，友谊对于交往双方起到的都是有利的作用，因为友谊最起码的底线是不能违反法律、不能违背社会公德。而“哥们儿义气”源于江湖义气，是没有道德和法律的界限的，为 哥们儿两肋插刀，就是他们所信奉的。友谊需要互相理解和帮助，需要义气，但这种义气是要讲原则的，如果不辨是非地为朋友两肋插刀，甚至不顾后果，不负责任地迎合朋友的不正当需要，这不是真正有友谊，也够不上真正的义气。

理解什么是友谊，也是青春期男孩真正成熟的表现，总之，不要中了“江湖义气”的流毒。

男孩为什么想学坏

很多青春期的男孩，他们偷窃，并没有明确的目的，有时

纯粹是为了获得其他人尤其是异性的注意，如盗窃经济价值不大的物品，窃得的东西扔掉、损毁或随便送人，这些行为让很多父母很是头疼。

除了盗窃之外，一些青春期孩子还会做其他一些“坏事”。放眼看去，现在的网吧、酒吧都是青少年，这些放纵自己的孩子，多半都有一些共同的经历：学习压力大，和父母、老师关系处不好，没有可以交心的朋友，喜欢上了一个异性却被拒绝……这些都让青春期的孩子想学坏。

我们还可以发现，在校园里，很多青春期男孩尤其羡慕那些故意和老师作对、欺负低年级的孩子的同学，他们认为，这样的同学更容易得到周围异性的注意和认可，因此，这种行为被他们争相效仿。

随着年龄的增长和社会阅历的增加，处于青春期的男孩越来越渴望接近异性，同时，他们的叛逆心理也逐渐表现出来，他们越来越向往自己的自由空间，越来越想摆脱原来循规蹈矩的学习生活，越来越不想在父母、老师的指点下生活。此外，紧张的学习、敏感的亲子关系也让男孩充满了无助感。

青春期的男孩已经不再是小孩子，旧的人生体系开始瓦解，不得不全部放弃，而新的体系又尚未完全建立。这时，男孩需要明白，放松不能放纵，青春期只有一个，时光不可能倒流，梳理好自己的心情，努力充实自己，为今后的人生作好积淀，你的未来才会大放光彩！

为什么有强烈的孤独感

姚女士是一名公务员，在单位颇有业绩的她对儿子寄予厚望，希望能按照自己的想法规划他的人生，儿子也一直是大家公认的乖孩子；但不知从什么时候起，儿子好像变得孤僻了，再也不愿和她包括周围的长辈们说话了。

一段时间以来，姚女士还发现，儿子的书包里好像多了一本日记，难道儿子有什么秘密？不会是恋爱了吧？怀着强烈的好奇心，一个周末，姚女士趁儿子不在家，看了日记，令姚女士意外的是，儿子并没有什么秘密，日记的内容只不过是对学习压力的倾诉以及与好朋友相处的过程中遇到的问题。

看到这些，姚女士悬着的心终于放下了，但从这件事之后，细心的儿子居然给日记上了锁，这让姚女士又产生了很多疑问。

我们先姑且不论姚女士的教育方法。进入青春期的男孩女孩都有这样一种体验：觉得自己是大人了，成熟了，可是师长眼里的自己永远是不懂事的孩子，于是，一切事情在一夜间都变了，自己不再什么都向父母倾诉，也觉得周围的人不理解自己，因此，自己变得孤独了。

一般来说，青春期男孩的孤独感有以下几个方面的表现：

1.社交恐惧

孤僻的人不愿意释放自己的内心，人们往往会因此远离他们；而那些乐于和善于与人交往的人能和大多数人建立良好人际关系。

2.行为偏激

很多未成年男孩一遇上不顺心的事就采取过激行为，这就是内心孤独的表现，一般来说，正常的行为应该是积极、主动和富有建设性的。

3.自我控制情绪的能力差

青春期的男孩，情绪控制能力低于其他任何时期。现实生活中，因和老师怄气而轻率选择逃课的男孩屡见不鲜，这是因为他们在成长过程中忽略了对良好情绪反应能力的培养。理想的心理状态应该是情感表现乐观而稳定，而不是莽撞和冲动。

4.缺乏良好的意志品质

意志品质良好的人，具有一定的独立性、自控力和抗打击能力，能经得起挫折的考验，做事果断，绝不优柔寡断。

5.对某些人和事的依赖性过强

心理健康的人应该表现出独立自主的思想和行为特征，不拒绝帮助但也不纵容自己的依赖心理。现在很多男孩事事依赖老师、家长的“权威”，还有的孩子对电子游戏、网络等有严重依赖，其生活的大部分乐趣来自现实之外的虚幻世界，且不能自拔。

以上这些症状都是青春期男孩心理孤独的外在表现，实际上，这种孤独感正是男孩自我意识发展的一种表现，随着年

龄的增长、社会生活经验的丰富和自我探索的深入，他们会逐渐获得一种熟悉自己，对自己有信心、有把握的感觉。这时，他们既能够独立思考，也会乐于与人交流。但男孩们，你要明白，长期孤独会对你的身心健康造成不利的影响。长期处于孤独的男孩涉世浅，经验少，社会适应能力差，受到挫折易烦燥郁闷；若不及时疏导，就会心理封闭，积郁成疾，性格改变，产生精神障碍。

总之，作为青春期男孩，如果你感到内心孤独，你必须首先主动去接近别人，要改变自我，使别人愿意接近你。最好的方法就是关心、帮助、尊重别人。其次要多和父母、老师沟通。他们都是善意的，只有让别人了解你，你才能得到别人的理解。同时，要对自己有信心，相信自己能超越自我、超越困境；在积极的思考和行动中，你会获得充实感与快乐。

第02章

暴风雨般的青春期，男孩不要让心理问题影响自己

随着青春期的到来，男孩开始意识到自己不再是孩子，而是大人，他们希望自己能像成年人一样受到尊重，自尊感明显增强，做事喜欢自作主张，不希望成年人干涉，渴望独立，他们对父母和老师之言不再“唯命是从”，开始嫌父母和老师管得太严、太啰唆，对家长和老师的教育容易产生逆反心理，伴随产生的还有一系列的心理问题。对此，每个男孩都要清楚的是，无论遇到什么问题都一定要说出来，有心事闷在心里对于身心发展都是不利的，善于与周围的人沟通，这才是解决青春期心理问题的正确方法。

自卑——为什么我不如别人

詹太太的儿子小雷今年刚上初一，自从上了初中以后，小雷变了好多，他不喜欢说话了，周末的时候也不愿意与以前的朋友一起玩了，一有时间，他就把自己锁在房间里。

“小雷很奇怪，他这是怎么了？”詹太太问自己的丈夫。

“我也不知道，最近他好像突然一下子自卑起来了，有一天，他还对我说：‘我和以前不一样了，小学的时候，我是尖子生，可是上了初中，班上优秀的人太多了，我成绩不如以前了，连人缘也不好，我都不好意思和彤彤做朋友了，我简直一无是处！’”小雷爸爸说完这些，长叹了一口气。

“是啊，孩子上初中了，学习环境变了，学习难度加大了，这种心态的出现是正常的，但作为家长，我们一定要帮助孩子及时调整好，不能耽误了孩子后面的学习呀！”

“你说得对呀……”

小雷的这种自卑心理，在很多升学的青春期男孩身上都出现过。进入青春期后，男孩子的生活境况、学习境况明显改变了，另外，从前被老师重视的境况也改变了，自己不再是老师关照的尖子生，周围优秀的同学太多，小学时候的玩伴也有

了自己新的生活圈子，于是，这些男孩变得心情低落并自卑起来，对学习失去了兴趣，不愿意与人交往，成绩也随之下降。

要摆脱这种自卑心理，男孩们需要做到：

1.正确评价自我，你是特别的

你的那些所谓的“缺点”，那些你不喜欢的自己的特质，其实是你最宝贵的财富，只是你的表达程度有点过于强烈了。这就好像放音乐一样，声音过大，就会让人觉得很不舒服，但是如果我们把音量调小，你自己和你周围的人都会意识到，那些所谓的缺点正是你的优点。你所要做的，就是在适当的时间、适当的地点，用适当的方式将它表达出来而已。这时你会发现，你仍然特别、仍然被无限地爱着。

因此，你要本着实事求是的态度，要学会用正确的、辩证的眼光看待自己，要充分认识自己的能力、素质和心理特点，在不夸大自己的缺点的同时，也不避讳自己的长处，这样才能确立恰当的追求目标。用这样的心态，你才能取长补短，在看清楚自己不足的同时，将自卑的压力变为发挥优势的动力。

2.提高自信心

要相信自己的能力，学会进行积极的自我暗示：我并非弱者；我并不比别人差；别人能做到的，我也能够做到，只要我付出努力；既然我选择了，我就要努力达到自己的目标，决不放弃；我不必自卑，人无完人，别人也不是完美的。

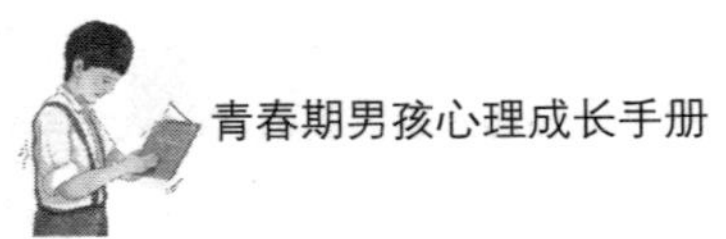

3.积极与人交往，发展健康的人际关系

如何才能交到益友：

（1）培养自己交往的品质。真正的友谊需要坦诚的沟通、尊重、同情与理解、负责、宽容，以及愿意为保持这种友谊而努力的心意。当你考虑交往真正的朋友时，你就要懂得付出，不要只想着朋友能为你做什么。

（2）自重和尊重朋友。你可能会想：但愿我有这样一个朋友，他会听我的话，理解我，并且使我不再孤独，他不要有什么我不能接受的个性。不幸的是，你没有权利来改变他人。你不能迫使他人为了友谊来满足你的需要。如果你希望被爱和被尊重，你首先要做到的是自爱和自尊；如果你希望交到朋友，你就必须学会尊重他人个性的差异。

总之，作为青春期男孩，你要明白，虽然现在你已经升学了，但你毕竟还小，毕竟是处于暴风雨般的青春期，遇到一些小小的挫折时，你很容易有挫败感，但不可一蹶不振、自暴自弃、贬低自我等。你只有正确地认识自我，接纳自己的不完美，用正确的心态和品质去与人交往，才能变得自信起来！

青春期强迫症——一件事情反复做

所谓强迫症，是一种以强迫观念和强迫动作为特征的神经

官能性疾病，包括强迫观念和强迫行为：强迫观念属于一种情绪障碍；强迫动作则是在这种情绪支配下表现出的外表行为。患有强迫症的男孩，在同年龄段人群中发病率不到0.5%，但在10～12岁的青春早期少年中相对多见。男孩的强迫动作发生率高于女孩。

那么，青春期男孩患强迫症的原因是什么呢？

青少年的强迫症大多源自儿童时期，与自幼养成的个性特征有关。

一般来说，患强迫症的男孩胆小谨慎、做事优柔寡断，不喜说话，少年老成，同时，做事不善于创新，比较古板，甚至遇事爱钻牛角尖，适应陌生环境较慢等。另外，家庭生活环境与强迫动作的发生与发展也有一定关系。例如，有些家庭生活环境较为严肃，日常生活中缺少乐趣，或者父母对于男孩的要求很高，再或者某些父母喜欢体罚孩子等。强迫观念则往往是各种生活事件的持久影响的结果。亲人亡故、父母离婚、长期住院，或抚养者本身多年境遇不顺、家庭生活环境阴郁等，都会给青少年带来持久的心理紧张和适应不良，引发其各种强迫观念的习惯化。

不过，与成年强迫症患者相比，青春期很多精神因素都处于可塑期，一般来说，情况都会轻得多，因而治愈的可能性更大。

对已存在强迫症的青春期男孩来说，应通过正确的方法来对强迫观念或强迫行为进行矫治。具体措施有：

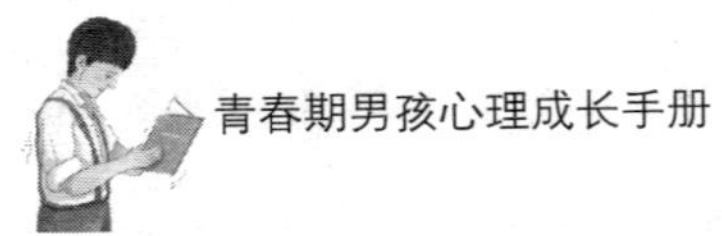

1.懂得自我认知，解释自己的心理

男孩要让自己明白，强迫症属于神经官能症的一种，不是精神有问题，不必为此焦虑和紧张。

2.愉悦身心，充实自己的生活

其办法之一是发展一些生活兴趣，如培养自己在某一些方面的特长并加以发扬；另外，也可以从生活小事做起，如养小动物等，使生活多彩化、乐趣话，逐步使原有的强迫观念与行为淡化。

3.交益友，扩大自己交往的圈子

青春期阶段，男孩们都渴望与人交往，以倾吐自己的心事，因此，患了强迫症的男孩，可以鼓励自己多和伙伴交往，尤其要积极参加各种集体活动，使自己有相互模仿、学习榜样行为的机会。这也是很多患强迫症的病人不药而愈的原因

的确，青春期是人生中美好而又危险的阶段，说其美好是因为青春期是阳光灿烂的，说其危险主要是因为处于青春期的男孩很容易出现心理问题，不加控制可能引发疾病症状，青春期强迫症就是能够将他们推入绝境的疾病之一。因此，青春期男孩一定要学会自我控制和调节自己的情绪，学会排解内心的不快，从而健康、快乐地过好每一天！

忌妒——来自青春期的暗伤

我们每个人都生活在一定的人际范围内，都会不自觉地与他人作比较，而当发现自己在才能、体貌或家庭条件等方面不如别人时，就会产生一种羡慕、崇拜、想奋力追赶的心情，这是上进心的表现；但有时也会产生羞愧、消沉、怨恨等不愉快的情绪。后者就是人的嫉妒心理。

嫉妒并不是女孩的专利，男孩也会产生嫉妒心理，主要表现为对学习优秀者、外貌俊美者嫉妒、怨恨，甚至刻意拆台或报复，以达心理平衡。

青春期男孩，你要想到，男子汉应该有宽大的胸怀，应该努力证明自己，而不是嫉妒、怨恨比自己优秀的人。心理学家艾里克逊特别强调指出，青少年自我心理调节的重要任务就是了解自己，建立起正确的自我认同和坚强独立的自我意识。对于嫉妒心理，青春期男孩应该这样自我调节：

1.自我反省，观察自己和他人

青春期的男孩已经逐步有自己的价值观和人生观，对待周围的事物，也会慢慢有自己的见解，这是他们观察的结果。而同样，对待自己，男孩也要进行一定的观察，即自我反省。反省过程中要注意，要多思考，无论遇到什么事，都要静下心来好好想想，然后心平气和地进行分析，包括自己的现状、自己与人相处的状况、自己的一些优点和缺陷、自己整个的人生理想等。当然，在反省中要避免情绪化，不要为一点小事钻牛角尖，也不要过于自信而变得骄傲，要不偏不倚、尽量用客观的眼光看自己，接纳自己偶尔产生的矛盾心理和孤独感，不需要为此过多担忧，并时常提醒自己尽力克服自卑和嫉妒心理。

2.待人友善

一个懂得关爱他人、懂得付出的男孩一般都会有较好的人际关系。通过人际交往，男孩可以更好地明了自己在别人心目中的位置，及时地改正不足之处，这样可以形成更为完整的自我形象。这对排解内心里的矛盾心理和孤独感也非常有利。

3.接纳自己和完善自己

人无完人，但任何一个人也都有自己的优点，也不可能一无是处。明白这个辩证的道理，有利于你接纳自己。接纳自己就是指不仅看到自己的优点，从而更加自信地去学习和生活,而且能意识到自己的缺点和不足之处——当然，不是去否定它，而是通过接纳然后想法改进它，以完善自己。这里的关键是要求青春期男孩相信自己是有价值的人，从而全力以赴地去实现自己的价值。

对于青春期男孩来说，有嫉妒心理也不足为奇，成长中的人谁都不可避免，但成长中的人也可以借由自己的调节来尽力摆脱这些感觉，在这个过程中，自我肯定就显得弥足珍贵。

青春期焦虑症——自我调节，找回快乐的自己

宋女士的儿子小伟已经15岁了，马上要中考了，孩子一直努力学习，但最近，她发现孩子好像精神恍惚，束手无策的她带着孩子来心理诊所看医生。

在医生的指导下，小伟说出了自己的状况：

“从初中三年级开始，我就出现了心理问题，主要表现为每到复习考试临近期间就紧张焦虑，还伴有较严重的睡眠障碍。

“我在重点中学学习，自幼有良好的学习习惯，记忆力也很强，遵守纪律，尊敬师长，因而深受老师的器重。因为老师器重我，对我抱有很大的希望，所以我感觉到自己压力很大。

“有天晚上，我正在背书，强记第二天竞赛科目的内容，恰逢邻居在请客喝酒，闹哄哄的，我心里很烦躁，心头产生了强烈的怨恨：一恨老师总让我参加各种竞考，使我疲惫不堪；二恨隔壁的人整夜吵闹，扰乱了我的复习；三恨母亲不该让我留在市里读这个使人疲于应付的重点中学。在这种焦虑怨恨的情绪状态下，我一夜也没睡着，第二天在考场上打了败仗。从此，我就经常失眠、多梦，梦中总是在做数理的竞赛题，要不就是梦见在竞赛时交了白卷。而且，我变得上课集中不了精神，总是开小差，考试成绩也一次比一次差，为此，我很苦恼。我该怎么办？我还要参加中考呢！”

小伟的这种情况属于青春期焦虑症，焦虑症即通常所称的焦虑状态，全称为焦虑性神经病。

那么，什么是青春期焦虑症呢？焦虑症是一种具有持久性焦虑、恐惧、紧张情绪和植物神经活动障碍的脑机能失调，常伴有运动性不安和躯体不适感。发病原因为精神因素，如处于紧张的环境不能适应，遭遇不幸或难以承担比较复杂而困难的工作等。

处于青春期的孩子向来是焦虑症的易发人群，他们的生理与心理都处于人生的转折点。许多孩子在这一期间会变得异常敏感，情绪不稳，由于身心都没有发育成熟，他们往往无法正确排解自己的不良情绪。青春期焦虑症是一种常见的心理疾病。

青春期是人生的转折点，身体上的变化也给孩子的心理带来一些冲击，他们会对自己的身体产生一些疑惑，甚至不知所措，他们可能因此自卑、敏感、多疑、孤僻。青春期焦虑症会严重危害男孩的身心健康，长期处于焦虑状态，还会诱发神经衰弱症。那么，青春期男孩应该怎么样自我调节这种病态的情绪呢？此处介绍几种自我疗法。

1.积极暗示疗法

你首先应慢慢地树立起信心，正确认识自己，坚信自己能战胜遇到的挫折，能将手上的各种突发事件处理好，并相信自己可以恢复到身心健康的状态，可以战胜焦虑症。通过暗示，

每多一点自信，焦虑程度就会降低一些，同时又反过来使自己变得更自信，这个良性循环将帮助你摆脱焦虑症的纠缠。

2 对症下药疗法

每种情绪的产生都是有原因的，病症也是如此。青春期焦虑症是情绪体验的一种。有些男孩成天忧心忡收、惶惶犹如大难将至，痛苦焦虑，却又不知其所以然。此时，你应分析产生焦虑的原因，或通过心理医生的协助，把深藏于潜意识中的“病根”挖掘出来，必要时可进行发泄，这样，症状一般可消失。

3 自我放松疗法

放松恰好是与焦虑相反的一种情绪体验，如果你能够学会自我深度松弛，必定是有利于治疗焦虑症的。

预防抑郁，做阳光快乐男孩

飞飞是一名品学兼优的中学生，他马上就要毕业了，但一直以来，他的心里都有解不开的结。毕业前，他终于向他多年的好友敞开了心扉。

“其实，以前我的人际关系很好，你也知道，包括现在，我的人际关系也很好，所以，我一直比较乐观阳光。只是有一件事，我为此痛苦过——我是乙肝病毒携带者，我很自卑，担心自己以后会被人瞧不起。我一直认为，这病是我经过的最痛

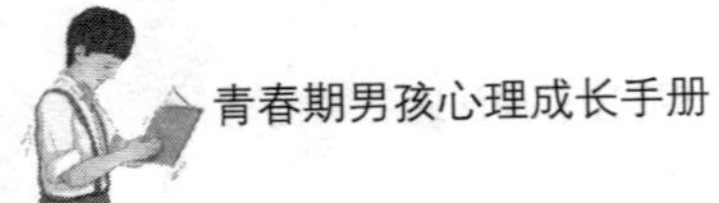

苦的事情了，没想到和那件事比，这根本不算什么。前些天，我们班的李继出车祸了，居然一夜之间成了残疾人，我才发现，自己比他幸福得多。能跟你把这些心里话说出来，我心里舒服多了。”

很多数据和事实一再说明了这样一个令人感到遗憾和痛心的事实：有心理障碍并想不开的人，大多数都从来没有寻求过心理帮助。很多艺人之所以会选择自杀，就是因为他们有过多的心理压力而又不选择向朋友们倾述。现实中多数人会回避自己的心理问题，不去勇敢地正视和面对它，没有积极地进行规范治疗，结果导致悲剧事件屡屡发生。

每一个青少年朋友，都不能忽视抑郁这一问题，生活中，如果你有如下几大主要症状：

1.大部分时间感到沮丧或忧愁；

2.缺乏活力，总是感到累；

3.对以前喜欢做的事情缺乏兴趣；

4.体重急剧增加或急剧下降；

5.睡眠方式的巨大改变（不能入睡、长睡不醒，或很早起床）；

6.有犯罪感或无用感；

7.无法解释的疼痛（甚至身体上没有任何毛病）；

8.悲观或漠然（对现在和将来的任何事情都毫不关心）；

9.有死亡或自杀的想法。

那么，对此，你一定要引起重视，这表明你抑郁了。

每个渴望快乐的男孩，都不能忽视抑郁这一问题，抑郁会严重困扰你的生活和学习，给家庭和社会带来沉重的负担，严重的还会导致抑郁症。它会赶走你的积极情绪，使你对周围的人丧失关爱。而摆脱抑郁，最重要的是与别人交流，敞开自己的心扉，才能找到病候，对症下药。

那么，青少年朋友，如果你抑郁了，该如何向朋友寻求帮助呢?

1.完善个性品质

其实，只要你拥有良好的交往品质，走出恐惧的第一步，你就能受到朋友们的喜欢，慢慢的，你的心结也就能打开了。“人之相知，贵相知心。”真诚的心能使交往双方心心相印，彼此肝胆相照，真诚的心能使交往者的友谊地久天长。

2.学习交往技巧

你可以多看一些有关人际交往的书籍，多学习一些交往技巧，同时，可以把这些技巧运用到人际交往中。长此以往，你的性格会越来越开朗，你的人际关系也会越来越好；同时，你会发现，你不仅收获了不少知识，你的认知上的偏差也得到了纠正。

3.寻找值得信任的朋友

只有值得信任的朋友，才会为你保密，真心地帮你解开

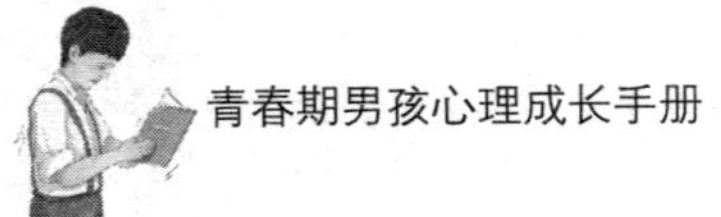

心结。

4.不要为朋友带来困扰

你寻求帮助的朋友必须是那些内心坚强的人，如果他比你更容易产生抑郁情绪，那么，你只会为他带来困扰。

5.必要时候应该寻求心理医生的帮助

如果你觉得你的朋友并没有帮助你脱离内心的煎熬，那么，你应该说服自己，让心理医生来为你解疑答惑。

第03章

青春悸动，男孩理智对待青涩的情感

随着年龄的增长、身体发育的成熟、性心理的不断成熟发展，男孩子开始对异性产生钦慕，这是成长期的必经过程。但青春期毕竟是进入成人阶段的前奏，价值观、爱情观都是波动的，对爱情的体验尚是浅陋而朦胧的，因而是不真实且幼稚的。因此，青春期男孩要明白，青春期是个积累人生储备和社会经验的时期，过早的恋爱会成为人生奋斗路上的绊脚石，只有全身心地投入学习，才会让自己的青春期度过得充实、快乐。

我好像喜欢上了某个女同学，怎么办

星星是个很懂事的男孩，他的父母对他也很放心，因为他和学校的一些“问题少年”不一样，他很有主见。可是，当他的妈妈王太太看见儿子书包里的信件时，她开始慌了，当她准备跟儿子谈谈时，星星却主动坦白了。

“以前我们不在一个班还好，可是初二的时候，我们就在一个班了，我无法再将自己埋在书堆里了。那个女孩一走到我身旁，尽管我的视线没有移动，可全身心所有的神经只在她一个身上。早晨临行前，我下定决心，绝不分心，可一进教室，我就知道‘她还未来’。那天，她问我去不去春游，‘不去，那天我有事。’我违心地拒绝了。可我明知那一天我只能望着窗外发呆。有时我想，人长大了有什么好？做事反而不如小时候专心。我有时甚至会写着作业忽然哭起来。其实，这个女孩真的很出色，虽然我并不在意这些。反正她和别的男孩说笑时，我心底就会升起一缕愁思。我是爱上了她？我应该对她表白吗？我知道青春期不该恋爱，可是妈妈，恐怕我真的喜欢上她了，怎么办？”

听完星星的话，王太太很欣慰，至少儿子把她当成知心的

朋友。

很明显，星星是情窦初开了。产生对异性的爱慕的感觉，是青春期男孩生理和心理逐渐成熟过程中的必然现象。但少年时代在感情方面还是属于耕耘时期，心理品质、价值观等都还未定型，可能今天认为不错的到明天就认为不好了。从现实的例子看，青少年的这种爱，没有几个能做到坚贞持久的，往往是游移、不确定的多，最后白白浪费了感情、浪费了时间和精力，更重要的是耽误了学习。

因此，青春期的男生不应该过度地表现自己的情感，情窦初开时，要选用正确的方法把这种情感释放出来，把喜欢的人埋在心底，找准自己的位置，努力学习各种知识，让自己的青春不虚度：

1.自觉接受青春期教育，用科学知识破除对性的疑惑，使性知识丰富与性道德观念的树立同步发展。

2.珍藏对异性的爱慕感情于心灵深处，转化为互相尊重、互相鼓励、互相推动、互相学习的动力。净化心灵，清除爱慕中情欲的杂质，防止异性交往中的单一指向性和进行活动的排他性。

3.讲究风度，注意礼仪。做到端庄和蔼，以礼相待，举止适度，说话(特别是开玩笑)注意分寸，表现出对对方的尊重，显示自己的文明修养。

4.要注意培养“四自”(自爱、自重、自尊、自强)的观念，在情窦初开、思想敏感、感情热烈之时，要矜持自控，防止“青春期”变成“苦恼期”，“黄金时代”变成“多事之秋”。

5.异性交往的感情已有超越友谊界限的迹象的青春期男孩，要及早把热度降温，用理智驾驭感情。

总的来说，青春期的主要任务是学习，而恋爱对于心智并不成熟的你而言必然耗费大量精力，影响你的未来发展。你认为你喜欢那个女孩，不妨把这些心事记录在你的日记里，写下你的喜欢和爱慕；也可以告诉父母。试着释放绷紧的心弦，这段“爱恋”会随着时间酝酿久远、芳香四溢！

我为什么喜欢在女孩面前表现自己

孩子进入中学以后，会出现一个奇怪的现象，一般情况下，女生会形成一个交友圈子，男生也有一个交友圈子，为了避免别人的口舌，男女生一般“井水不犯河水”，但奇怪的是，男生们总是喜欢在女生面前表现自己。

有个叫强强的男孩在自己的日记里这样写道：“我知道，和女生走得太近好像会背叛男同胞们，但是不知道为什么，只要和女生在一起，我就想刻意地引起她们的注意，想表现自己，比如，替女生拿东西，女生办不到的事，我也想出头。最

近，我好像喜欢上了一个女孩，这种感觉越来越强烈了。我总是偷偷看她，她发现了再装作若无其事的样子。有时候我都分不清我有没有看她。上课我不能专心，只要我视线里有她。后来我觉得全班人都知道我喜欢她了，总议论我，所以我不敢看她了……”

喜欢在女孩面前表现自己，可能是很多青春期男孩的表现，但这样又仿佛“背叛”了男同胞，于是，很多男孩不知道怎么和异性相处。其实，每个男生都应学会大方地与女生相处，具体来说，可以这样做：

1.尊重女同学是交往的前提。异性相吸是青春期发育的必然阶段。处于青春期的少男少女会产生一种强烈的要求接近异性、渴望交往的愿望，对于这种心理，很多男孩自己也说不清楚。面对这种难以捉摸的感情，男孩心中便会产生这样或那样的烦恼。

青春期男孩在女同学面前所表现出的种种不得体，主要在于不大了解男女相处的艺术，不了解异性相吸的自然性，夸大了异性的神秘性。如果改变了对异性的看法，男孩的行为也会有所改变，因此，不妨大大方方地与女同学交往，坦诚面对异性，慢慢地，男孩就能用平和的心态与女同学交往了。

2.要培养健康的交往常识，提倡男女同学间的广泛接触、友好相处，不管是男同学还是女同学，不要把性别作为是否可以接触的前提。男同学、女同学都是同学，同学之间不存在可以接触、不可以接触的问题，更不能人为地设置影响互帮互学、共同进步的心理障碍。

3.和女同学交往，要本着以事情为核心的原则。可以在老师的指导下广泛开展集体性的活动，如勤工俭学、社会考察、参观访问、文体活动等。在集体活动中互相增进了解、沟通情感，清除由于不相往来而造成的隔阂。

4.学生时代的男女同学之间，应建立亲如兄弟姐妹那样的友谊关系，尤其是男女同学单独相处时，一定要理智处事，光明磊落，善于把握自己的感情。

作为青春期男孩，你要明白，青春期除了是男孩身体发育的时期，也是性格、人格等逐渐完善的时期，更是情感的萌发期，你应该以坦荡的心态和女生交往，在交往的过程中，以尊重为前提，把握好度，注意一些问题。总之，你可以和女孩一起玩，但要学会得体的表现，让彼此之间的情感限定在友谊的范围内，这也有益于消除男孩对异性的困惑，有益于男孩身心的发展！

暗恋一个人好苦，我该怎么办

小新已经15岁了，是个很懂事的男孩，他的妈妈钱女士虽然没什么学历，经济情况也不是很好，但很会教育孩子，小新

也一直把她当成好朋友。一度，妈妈看小新好像心事重重的，于是，周末的上午，把家务忙完以后，她来到儿子房间。

“小新，你是不是遇到什么事情了？”

“我不好意思开口，太难为情了。”小新说。

“很多事，妈妈都是过来人，我想我能帮你，如果你实在不好意思开口，你可以给我发邮件，我会给你回的。”

“好吧，妈妈。”

晚上的时候，钱女士打开自己的邮箱，果然看到儿子的邮件，内容是这样的：“我感觉到我真的喜欢上一个女孩了，这是一种我从未有过的感觉。那个女孩是隔壁班的，我确定，世界上真的有一见钟情的存在，因为从我第一次看到她我就喜欢上了她，可爱、纯真、活泼、美丽……我简直无法形容她的好了，反正，我觉得她是世界上最漂亮的女孩。我开始每天都想见到她，我每天都被一种奇妙的感觉牵引着……我的情绪也开始被她影响，她开心，我也开心；她忧郁，我也跟着难受。当我心情不好的时候，只要一见到她，我的心中马上就豁然开朗。总之，我的心情随她而变，我可以确定，我是爱上她了，可关键的是，我不敢说出口，因为她那么优秀、那么美丽，肯定不会看上我这样一个普通的男生。妈妈，我该怎么办？”

看来，儿子真的是情窦初开了，那么，这封信该怎么回呢？

很明显，案例中的小新是对隔壁班的一个女生产生了倾慕之情，但又不敢说出口，这就是人们说的暗恋。有人说初恋是纯真的，其实，最美的还是暗恋，青春期性萌动，哪个少男不善钟情？暗恋，永远是那么甜美那么涩。

事实上，大多数情况下，男孩心中的女孩也许并没有想象得那么完美，俗语说“情人眼里出西施”，这些说法都说明喜欢一个人的感觉是主观而片面的，当事人听不进他人的意见和建议，一定是他认为的好就是好，他人说不好也听不进去，当家长持反对意见或者试图阻止时，他就生出逆反心理，不然就转入地下，这是最让家长感觉头疼的地方。可以说，青春期男孩，基本上都有自己心仪的女孩，但是由于各种原因，很多男孩都只是暗恋，并不敢说出口，小新就是这种心态。

其实，无论是谁，喜欢上异性都是难以自控的，尤其是青春期男孩，常常为是否将心中的小秘密告诉对方而烦恼，不说自己心里很想念，说出来又怕对方不接受，于是辗转反侧、心烦意乱。

除了暗恋女孩外，一些青春期男孩帅气大方，学习成绩优异，吸引了很多女孩的目光，于是，他们也会被女孩追，或者被暗恋。

一个情窦初开的男孩，对异性产生好感，甚至有与之交往的冲动，这是正常的，这都是成长过程中的必经过程。因此，进入青春期后，异性同学之间交往是每个同学都要面对和学会处理的新课题。任何事情都一样，不能简单地划分“好”与“坏”，而是要学会驾驭“合理”与“失控”的分寸。

总之，男孩一定要明白，青春期恋情多数会影响学习，是自己实现理想目标道路上的岔道和障碍，因此，将小秘密埋藏在心里是明智的选择。不妨让这份初恋的感情在心里发酵，随着时间的推移日久弥香。

我失恋了，好难过

有一天，小伟和爸爸在一起看电视，期间转到新闻频道，播报一则新闻：某校初三男生赵强对本班一名女孩爱慕已久，在暗恋三年以后，他终于鼓起勇气给那名女孩写了封情书，却被女孩拒绝了，于是，男孩一气之下，因爱生恨，将女孩毁容。

看到这里，小伟爸爸就试探性地问小伟："你有没有喜欢的女孩子？"

"没有，即使有，面对失恋，也不能这样对人家女生，这是一种变态心理。可是，如果失恋了怎么办呢？"小伟一脸疑惑。

"青春期的孩子对爱情并没有什么理性的认识，更缺乏稳定爱情观的支持，随着时间和空间的变化，他们可能会'爱'上别人，因此，一般来说，青春期恋情多数是很短命的，也是流动性最大和最容易发生变化的。今天看你好，明天可能就不好；今天在这个环境喜欢这个，换一个环境又会有新的恋情。

所以，我不能说绝对，但基本上，青春期的爱情都是不成熟和欠考虑的，不是真正的爱。所以，青春期恋情本来就是不合时宜的，要学会跳出来看这份不成熟的感情。青春期的恋爱影响学习和目标实现，其结果是梦中的甜蜜、梦醒后的苦涩！而当跳出这份感情，然后理性的分析看待青春期恋情时，就不至于盲目地糊涂地去爱了。”

“哦，我明白了，原来是这样。”

生活中，可能有不少青春期男孩都有失恋的经历，比如，好不容易下定决心送出的情书被退回以后，心灰意冷，自我价值被否定，以为是世界末日来了，提不起精神学习，没有激情生活，更有偏激的男孩，对异性报复打击，或者自我伤害。

青春期的感情是很单纯的，有些孩子一旦认为自己喜欢上某个人，就会钻牛角尖。对此，青春期男孩要学会转移自己的视线，不要始终将眼光放在那个女孩身上，不妨改做一些有意义的事，去做自己喜欢的事情，做一些可以转移注意力的事，哪怕这种转移只是暂时的。因为，青春期所谓的“喜欢”本身就是暂时的，而时间是治疗的良方，随着时间的推移，很多人会淡化和忘却。比如，踢足球就是很好的转移失恋带来的消极情绪的方法。踢的过程可以发泄失恋带来的不良情绪。散步、慢跑等都可以愉悦心情，使男孩忘掉烦恼。

其实，恋爱是男孩们成长路上必经的一个过程，在恋爱的过程中，了解异性、接触异性，也是有助于男孩自身的完善

和发展的，这是他们心理成熟的过程，是成长中的代价，他们会在情感挫折中越来越成熟。从流动的、发展的角度去看青春期恋情，男孩就不会那么如临大敌了，就可以平和应对和解决了。

但这些并不意味着青春期的男孩就可以不顾学习而毫无顾忌恋爱。须知，努力学习，为目标奋斗，始终是青春期的主要任务，努力提高自己，让自己成熟起来，才能在成人之后用更加正确的眼光去发现适合的人生伴侣。

总之，青春期男孩要明白的是，中学时代是打基础时期，将来从事何种事业还没有定向，今后的生活道路还很长。中学时代的早恋十有八九不能结出爱情的甜果，而只能酿成生活的苦酒。当孩子能正确处理青春期的“爱情”和“失恋”时，也就能把握好人生的舵、不会过早去摘青春期的花朵了。

我对女老师产生好感了怎么办

有一个十五岁的小男孩在给某心理咨询师的信中写道：“我确实长大了，我今年十五岁了。一开始我问自己是不是疯了，真的觉得太不可思议了，现在我明白了，这是人生的必经之路，我不再迷茫了。经过反复思考，我发现我真的爱上她了。的确，我自己无法阻挡。她其实并不漂亮，不过我依然爱

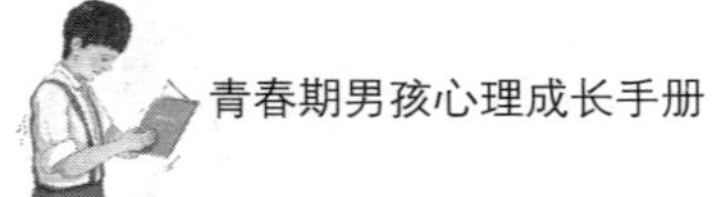

上了她，因为她有一颗善良的心。我是从初二开始发现的，我在黑暗里挣扎的时候，是她把我挽救了出来。在我没有信心的时候，是她给了我信心，她让我重新站了起来。在我有危险的时候，她会不顾一切地帮我。为了我，她付出了很多。一开始我只是感激她，我对她一点点产生了依赖感，我发现我离不开她了。可那时，我只把她当作我的姐姐。不过，现在我发现我不止把她当作姐姐，我爱上了她。”

一个十五岁的男孩爱上了自己的老师，的确是有点不可思议，但首先说明的是，他成熟了，情窦初开了，这是生理与心理成熟之后的必然。

但事实上，这并不一定是爱，很可能是崇拜，很多青春期男孩，对曾经帮助过自己的女老师都有类似的情感，以为这种情感就是爱，其实不一定，有时候，也可能是恋母情结的一种反映，男孩在潜意识里把老师当作自己的母亲一般去爱。这并不是真的爱情，而是一种崇拜和敬畏。那么，青春期男孩该怎样分清对老师的情感是爱还是崇拜呢？这就需要冷静地思考一下下面的几个问题：

1.爱一个人或许不需要理由，但必须知道爱她什么。

2.爱情是双方的，只有互相接受的爱才能产生爱情，当你对老师产生爱怜的感觉时，你清楚老师被你“爱”的感受或意愿吗？

3.爱是和责任联系在一起的

爱一个人就要对对方的一生负责，包括生老病死、包括贫穷与灾难。另外，你还必须作好被“抛弃”的心理准备，因为每个人都有选择爱的权利。

4.要有一定的经济基础

请明确你是否与老师同处一个人生舞台，若答案予“否”，那便不算是双人舞!

青春期男孩，假若你能清楚地回答以上问题，你就能明白自己对老师是崇拜还是爱了。

当明白这些以后，男孩你还要明白，她并不是适合你的人。

首先，你们年龄上就有一定差距，人生经验和社会阅历上也有差距，人生观，价值观上也有不同点，当然这并不是很重要的问题。

其次，青春期的喜欢并不稳定。你们之间并没有相互了解，你之所以喜欢她，是因为你把她想象得比现实中完美了。而你现在只是情窦初开，等心理成熟以后，你就会发现其实你所选择的她并不是你想要的那种人。

最后，学生在学校里容易受到周围人的影响，可能你并不想谈恋爱，但是别人都在谈，于是你也去留意某一人，而实际上那个人并不一定就是你心目中的那个白雪公主。

作为青春期男孩，你要把对老师的爱慕转换为学习的动力，如果你把这种喜欢的感觉用得恰到好处，你会发现这是你学习的动力，还能促进你学习的劲头；但如果你执意觉得这是种不正当的想法，往往会使你成绩下滑，身心憔悴。喜欢老师没什么可怕的，相反，这是正常的。这表明你已经开始注意异性，并有了爱的能力，但你要把握住一个度，让它成为你黑白色学习生活中的一抹彩色，照亮你的心，把你的心映成彩色的！

友情与爱情的区别在哪儿

有一天，王刚突然来找小伟，两人在房间嘀咕着什么，过了一会儿，两人从房间出来，在看电视的爸爸很好奇，就问了一下：“你们俩刚刚聊什么秘密呢？”

“叔叔，其实也没什么，就是我们班的崔浩和王丹丹居然谈恋爱了，还公开在学校牵手呢，我们亲眼所见，胆子真是太大了。”王刚激动地说。

“现在的孩子成熟越来越早，这已经不是什么新闻了。”

“哇，叔叔，要是你们家小伟也谈恋爱，你不反对？”

“我相信，小伟能把握自己的人生，能正确区分什么是爱情、什么是友情。”

“那么，叔叔，友情与爱情的区别到底在哪儿呢？”

关于什么是爱情，可能这是很多青春期男孩女孩困惑的问

题，那么，友情与爱情到底有什么区别？

事实上，友情和爱情，都是属于广义的爱情的一种，但爱情与友情有区别也有联系。友情是爱情的基础与前提；爱情是友情的发展和质变。友情可以发展为爱情，亦可永远发展不成爱情。

关于友情与爱情的区别，有时的确很难界定。日本一位心理学者提出了五个指标，可供参考。这五个指标是：

第一，支柱不同。友情的支柱是“理解”，爱情则是“感情”。

第二，地位不同。友情中双方地位“平等”，爱情却要双方“一体化”。朋友之间，有人格的共鸣，亦有剧烈的矛盾。爱情则不然，它具有一体感，身体虽二，心却为一，两者不是互相碰击，而是互相融合。

第三，体系不同。友情是“开放的”，爱情则是“关闭的”。

两个人有坚固的友情，当人生观与志趣相同的第三者、第四者想加入时，大家都会欢迎。爱情则不然，两人在恋爱，如果第三者从旁加入，一方便会生出嫉妒心理和排除异己的行为。

第四，基础不同。友情的基础是“信赖”，爱情则是纠缠着“不安”。

有了信赖，友情就是真诚的，但爱情则不然。相反的，一对相爱的男女，虽没有依赖对方，但老是被种种不安所包围，

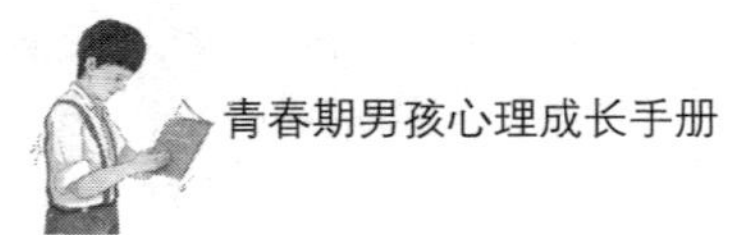

比如，“我深深地爱着她，她是否也深深地爱着我？”“他是不是不爱我了，态度怎么变了？”

第五，心境不同。友情充满“充足感”，爱情则充满“欠缺感”。

当两个人是亲密的好朋友时，都会觉得很满足；而爱情则不然，两个人一旦成为情人，虽然初期会有一时的充足感，但慢慢地，对爱情的要求会越来越高，总希望有更强烈的爱情保证。

一般来说，青春期的男孩子，你若能准确地区分自己在以上五个指标上的定位，应该就能在爱情与友情的岔路口上选择清楚、定位好自己的方向了。

为了真挚友情和纯洁爱情，青春期男孩与异性交往的时候，要知道，现在这个年龄不适合恋爱，要保持清醒的头脑，对于女孩子的爱慕和追求，态度一定要庄重明快，不能矫揉造作。

青春期的男孩还没有正确的爱情观，人生观、世界观等也是不稳定的，对爱情的含义往往缺乏深入的了解，很容易把异性同学在学习上、生活上给予帮助和关照这种纯真的友情误认为是爱情而产生误解，造成身心上的困扰。

因此，懂得爱情与友情的区别，能让男孩们对自己的情感有个更清楚的认识，以免在人生的岔路口走错了方向，这样，男孩才能更好地处理与异性朋友之间的关系，全身心地投入学习。

如何正确地与异性相处

这天晚上，王太太一家在看电视，突然听到有吵架声，她把电视声开大了点，结果，吵架的声音越来越大。她干脆关了电视，好奇心让她想听听到底怎么回事。这一听，才知道，原来是楼上传来的，估计又是哪家父母在关心孩子早恋的问题，男孩一直反驳："我没有在学校谈恋爱，信不信由你！"

"那书包里的信是怎么回事，为什么抽屉也锁起来了？"

"什么，你检查我书包？你怎么能这样？"

"你知道不，孩子，妈妈是担心你啊！有多少孩子因为早恋误入歧途，耽误学习，妈妈看得太多，你就听我一句劝吧！"

"我没有早恋。"

"那每天早上和你一起上学的那个女孩是谁？"

"我们班同学，我一个朋友，男女同学难道就不能成为朋友？"

"真正的男女同学之间的友谊是不会这么亲密的，妈妈明白，你这个年纪需要友谊，可是你要把握好分寸。"

"你真是草木皆兵，你是不是管我爸也这么严？"儿子一气之下说了这句话，"啪"的一声，一记耳光打在了儿子脸上，然后安静了。

王太太一家听到后，同时"哎"了一声，这样的一幕估计

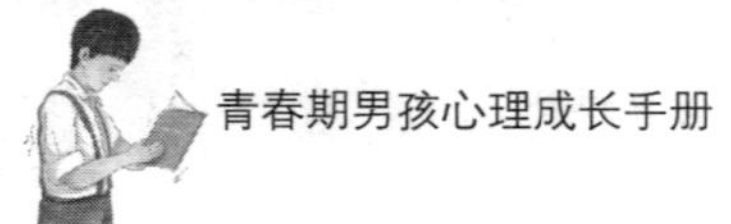

在很多家庭中都发生过了。

听到这一幕，王太太问她的儿子明明：“你明白什么是异性相吸吗？”明明摇了摇头。

进入青春期的男女同学都有同样的心理，都希望自己能够成为受到异性注目和欢迎的人，为此，他们尽力地改变自己、完善自己，这也是一个自我发展、自我评价、自我完善的最佳心理环境，是克服自身缺点及弱点的好机会。对于青春期男孩来说，学会与异性建立健康的情感，使自己能够理解异性、尊重异性，与异性发展自然的、友爱的关系，会为今后顺利地进入恋爱和婚姻关系奠定良好的基础。

然而，很多青春期男孩以为，异性相吸单指男女关系，实质上则不然，其实，与异性交往，对提高自己有积极的作用，这才是异性相吸的真正内涵。

1.有利于男孩实现个性完善

人与人交往，本身就是一种关系方式。青春期男孩还处在一种对异性封闭的阶段，而男女个性差异比较大，与女孩交往，通过相互间的交往和交流，能使他们在个性发展上更丰富、更全面。要知道，男孩以后也将成为社会中的一分子，交往范围越广泛，和周围生活的人联系越多样化、越深刻，男孩的精神世界也就越丰富，个人发展也越全面。

2.有利于丰富男孩的思维类型

性别不同，思维习惯和类型也不同，虽然男女生智力水平

基本无差异。在思维方面，女孩擅长于形象思维，凭直觉观察事物；而男性擅长左脑思维，即逻辑思维，常常用抽象、逻辑推演去处理事情，据此，男孩可以实现思维类型和习惯的补充。

3.有利于男孩实现和异性之间的情感交流

青春期男孩和女孩的相互接触，有利于情感的健全。

从情感差异方面看，女生情感较丰富、敏感，富有同情心，情感体验深刻、细腻、含蓄；而男生则比较外露、粗线条。

4.有利于性别角色的社会化

无论男女，其性别角色的实现，都要体现在与异性的交往活动中，同样，男孩只有从女孩的眼里，才能读出社会对男性的期望。

与异性同学间的友谊是青春期的孩子之间最为敏感的话题，同性间的友情是可以公开的，但对某个异性的好感则是隐秘的，在口头上是坚决不承认的，这恰好反映出男孩的矛盾心理。这一时期的男孩对异性会有一些兴趣，会关注她们的言谈举止，这种好感是朦胧的、短暂的、不稳定的。所以在他对某个异性产生兴趣的这段日子里，他非常反感别人来刺探他的想法，更讨厌别人干涉他的做法。当家长、老师问及这方面的事时，他一般予以否认，仅说是普通同学关系，事实是，这一时期的孩子的情感正处于朦胧期、矛盾期，他自己也很难说清楚。为此，很多父母很担忧。

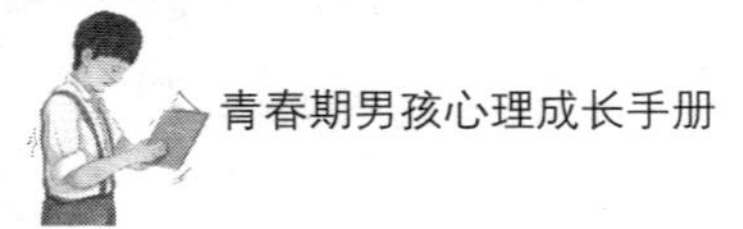

人的一生注定要在两性的世界中度过，要适应相应的社会规范，青春期男孩就必然要与异性交往而非隔离。当然，这种交往应是大方的，应有利于身心交往的发展。

收到了情书怎么处理

有位男孩在日记中这样写道："有一天，我翻开语文课本，突然发现里面有一封信。我吃了一惊，谁会写信给我呢？并且是夹在书里？我急忙拆开了信。'枫，也许你没有注意到我，但我一直默默地喜欢着你……'我的脸马上涨得通红，心里也不免有些激动，脑海中浮现出有'班花'之称的丽丽那清秀的倩影和迷人的笑脸。我该怎么办呢？回绝她？会不会伤害她呢？不回绝？可是……现在我们都还是学生，并且学习压力这么大。我该如何面对这封情书呢？"

很多青春期男孩帅气大方，学习成绩优异，吸引了很多女孩的目光，于是，他们也会被女孩追，也会收到女孩写的情书。

情书恐怕是很多男孩向女孩子表达爱意的方式，一般情况下，男生收到女孩情书的情况是少见的，但也不是说绝对没有，那些长相帅气、成绩优异的男孩，也会引起女孩子的注意，也可能会收到情书。一个情窦初开的男孩，当接到异性递来的情书时，脸红心跳是正常的心理现象，但一定要理智，不

要抱有“有一个女生追求我，看我多有本事”的心理而四处炫耀，这是不负责任的，伤人也会伤己；也不能因为害怕伤害对方而犹豫不决，让彼此都无心学习；更不能不顾女孩子的脸面，不注意说话方式直接拒绝，甚至告诉周围的人。你可以认真地给对方回一封信，劝对方放弃这种念头，抓紧宝贵时光用心学习。如果对方一而再、再而三地穷追不舍，你可以去信告诉对方：如果再这样，就去告诉老师。只要你的态度坚决而明确，一般来说，对方就会放弃。

青春期男孩对异性产生好感，甚至有与之交往的冲动，这是正常的，也是成长过程中的必经过程。因此，进入青春期后，异性同学之间的交往是每个同学都要面对和学会处理的新课题。对待任何事情都一样，不能简单地划分“好”与“坏”，而是要学会驾驭“合理”与“失控”的分寸。

青春期的男孩们，被追，表明了你的魅力，的确值得高兴。你会觉得很甜蜜、骄傲，可是又不敢轻易答应她，害怕恋爱会给学习带来影响；但是，不答应，这份美好又将失去，这也是一种矛盾的心理。其实，最正确的办法把这份羞涩的喜欢放在心底，兴奋过后，一定要把情书收起，把那份美好埋在心底。你们正处在长知识、长身体的黄金时代，世界观还未形成，缺乏必要的社会知识与经验，如果过早地陷入爱情的旋涡中，势必会影响自己的学业和身心健康。你要做的是，明确自己在青春期的奋斗目标，把精力重新投入学习中，这才是明智之举。

第04章

情绪多变的青春期，男孩学会管理自己的情绪

男孩进入青春期后，随着身体的发育，他们在心理上也发生剧烈变化，表现在成人感、独立感的增强产生认识自己、塑造自己的需要等方面。其实，要减少这种逆反心态和情绪，除了父母和老师需要努力外，男孩也应该从自身找原因。消除这种抵触情绪的方法主要靠理解，不仅要理解师长，也要告诉他们你自己的感受，让他们理解你，进而消除矛盾，以便让自己平安、顺利地度过青春期。

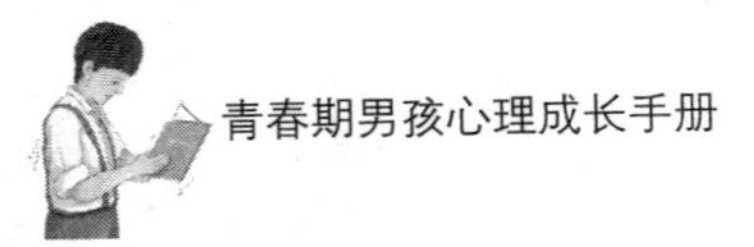

年轻气盛，青春期男孩要学会情绪管理

这天，班上又发生了吵架事件，其实，就是一件鸡毛蒜皮的事。

“你不知道，他有多差劲，小心眼、成绩差、长相差，甚至是歌唱得也差。哎，估计学校都没人喜欢他。”一群男孩子在讨论某个韩国明星，说话的是小鹏。

“你说谁差劲呢，你也好不到哪里去，一天除了研究那些无聊的游戏，你还会做什么？”路过的飞飞刚好听到那些话，他和小鹏的关系一直不好，以为小鹏在说自己，于是，不分青红皂白，展开了言语攻击。

“游戏怎么无聊了？你不知道每天有多少人在玩我这个游戏，估计你爸爸也在玩，你品位低下，也别说别人。”小鹏自然不肯忍让。

“你为什么扯到我爸爸，你有没有道德？”飞飞生气了。

于是，就这样，两人你一句我一句地吵起来了，要不是同学们劝架劝得快，估计两人还要打架。

其实，这种事情在学校里经常发生，很多老师都感叹，现在的男孩怎么一点绅士风度都没有，都不知道礼让吗？

我们知道，一个人是否成熟的标志就是能否做到控制自己的情绪。青春期的男孩，你已经不是小孩子了，不能高兴了就笑、伤心了就哭、生气了就闹。为此，你必须学会管理自己的情绪，以下是几点关于情绪管理的建议：

1.积极的语言暗示

日常生活中，我们运用语言的情况多半是与人交谈，而其实，语言还有其他很多的功用，其中就包括心理的暗示，语言暗示对人的心理乃至行为都有着奇妙的作用。

为此，当你心有不快，想要通过发火的方式来发泄时，你可以通过语言的暗示作用来调整自己，以使自己的不快得到缓解。比如，你的同学做了伤害你的事，你很想找他理论，并将他骂一顿，那么，此时，为了不让事情产生严重的后果，你在冲动前可以告诉自己："千万别做蠢事，发怒是无能的表现。发怒既伤自己，又伤别人，还于事无补。"在这样的一番提醒下，相信你的心情会平复很多。

2.放松、调整自己

当你遇到不快的事时，最好的方法就是到一个无人的地方大喊几声，或者去从事一些体力劳动、去操场锻炼身体，当你的这些心理压力通过身体上的运动转换成汗水以后，你会发现，你的心情好了很多，气也顺些了。当你生气的时候，你也可以照照镜子，看看生气时候的你是多么难看，既然如此么，不如笑笑，我笑，镜中也笑，苦中作它几次乐，怨恨、愁苦、

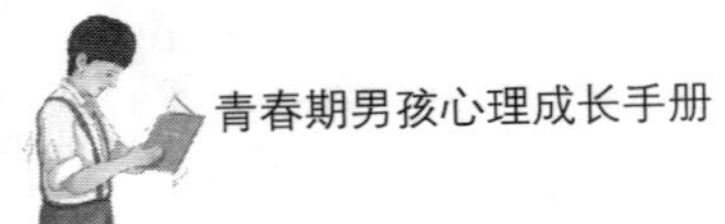

恼怒也就没有了。

3.自我激励，原谅对方

激励是人们精神活动的动力之一，也是保持心理健康的一种方法。当周围的人让你生气时，你不妨自我激励，告诉自己，如果我原谅他了，我的品质就又提升了一步。如此一来，自然就压制住了要发火的倾向。

4.创造欢乐法

心绪不佳、烦恼苦闷的人，看周围一切都是暗淡的，看到高兴的事也笑不起来。这时候如果想办法让自己高兴起来、笑起来，一切烦恼就会丢到九霄云外了。笑不仅能去掉烦恼，而且可以调节精神，促进身体健康。

男孩认真听父母的意见，别总是对着干

不得不说，每个青春期的男孩，身体里都流淌着叛逆的血，都觉得父母很唠叨，总是在耳边说个没完没了，于是，他们总是跟父母唱反调。但作为儿子的你是否想过，虽然父母的唠叨是烦了点，可是他们这都是出于对孩子的关心，对于他们的唠叨，作为子女的你也应该理解，为他们着想，然后采取一个正确的、适当的方式和父母进行沟通。对于父母，你应当理解，即使不理解，也应该试着去理解他们，因为这时候，你已

经应当有一份责任感，如果你连父母对你的真心尚无法公正地判断，总是误解他们的意图，那么，你就算不得一个孝顺的孩子。那么，你该怎样和父母相处呢？

1.调整心态，和父母做朋友

其实，你不妨和父母做朋友，不要总是羡慕别人有开明的父母，要和父母交朋友也并不是一件难事。

想和父母做朋友，首先要做的就是把自己的心态调整一下。或许在你内心当中，父母就是父母，就是你的领导，其实不然，只是你平时少跟家人沟通，彼此间缺乏了解，所以你会觉得有点陌生，导致不敢和父母沟通。放开自己的心，不管如何，父母始终还是父母，再怎么样也不会伤害你，如果对自己没有信心，可以先找一些无聊的事情和父母说一下，比方说今天天气很好、心情也好等，观察一下父母的态度再决定是否要和父母说。最关键的一点是，你要先把自己的想法改变一下。

实践证明，父母儿女之间选择做朋友更能促进家庭关系的融洽，也更能达到青春期男孩健康成长的目的！

2.多沟通

当你和父母的意见产生分歧时，你要尽量控制好自己的情绪，不激化矛盾，试着换位思考。有些时候，我们的父母处理事情的方式的确不太正确，但从父母的角度考虑的话，你就会发现他们这些做法的一切出发点都是为了你好，世上，只有父母对儿女的关心帮助是不求任何回报的，想到这些，自然也就能理解父母了。

3.用行动告诉父母你长大了

再者，你要在行动上证明，你已经能独立生活和思考，让父母发现你长大了，这样，他们也就能放开双手，让你独立行走，并愿意以朋友的身份平等地和你交流想法。

所以，青春期男孩，你要明白，你今天的努力是为自己走进社会积累知识资本，你的努力与父母的期望是一致的。有心事时，不妨和父母多交流，也可以劝父母停止唠叨，一家人坐下来交交心，要尊重父母，互相理解，心平气和地平等交流。让父母少为你操心，父母就很知足了，和睦的家庭，是保证你提高学习效率的重要因素！

叛逆的青春期，也别动不动就发脾气

童童上初二，正值青春期。一天早上，童童在去学校的路上突然想起来自己昨天晚上的试卷忘记带了，就赶紧骑车往回赶。

当他掏出钥匙打开家门时，看到妈妈正从自己的房间里出来，表情奇怪，童童径直走进自己的房间，想拿试卷，但他推开房门后脸色马上变了，因为书桌的抽屉全部敞开着，自己的日记本、同学们送的生日礼物及贺卡等全都胡乱地堆在桌

子上。

童童非常生气地质问妈妈："你为什么翻我的抽屉，随便动我的东西？"

没想到妈妈比他还生气："怎么了？当妈妈的看看儿子的东西还有错吗？"

"可是你应该经过我的允许才能看啊！"童童很愤怒地回答妈妈。

"小孩子有什么允许不允许的，别忘了我是你妈妈，好了，快去上学吧！"妈妈毫不在乎地对童童说。

生活中，这样的场景并不少见，在不少父母看来，青春期是暴风雨般的季节，对于孩子的成长，一定不能忽视，所以，为了防止孩子误入歧途，他们经常做出一些孩子不能忍受的事。

的确，青春期是一个负重期，对于青春期的男孩来说，他们至少面临着三方面的压力和挑战：

一方面，身体正在急剧发育，使他们积蓄了大量能量，容易过度兴奋；

另一方面，学习上的任务很重，面对激烈的竞争，心理压力普遍比较大；

更重要的是，随着年龄的增长，他们渴望对外部社会有更多的了解；他们的人际交往也逐渐增多，各种各样的信息纷至沓来，这就使他们需要处理的问题越来越多、越来越复杂。每个青春期的男孩的血液里都流淌着亢奋的血液，青春期的

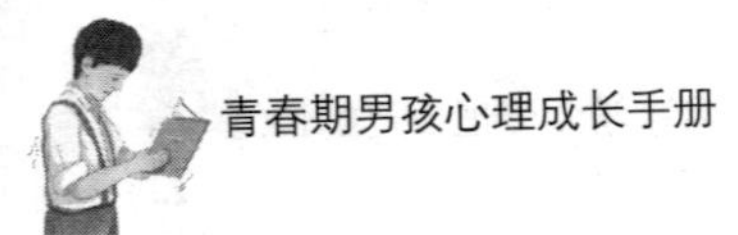

他们把什么都挂在脸上，不像成年人那样善于控制或掩饰自己，常常喜怒皆形于色。在与人交往的过程中，一旦产生矛盾，他们很容易爆发，这就是为什么很多青春期的男孩总爱发脾气。

我们姑且不去讨论童童妈妈的对错，从青春期男孩自身来说，要理解父母的良苦用心，别动不动就发脾气。

要控制自己不要乱发脾气，你需要做到：

1.发火前长吁三口气

男孩们，你需要告诉自己，“发火前长吁三口气”，事实上，很多事情都没有想象得那么严重。如果不学着控制自己的情绪，任着性子大发脾气，不仅解决不了问题，还会伤了和气。

2.正确地宣泄自己的情绪

青春期的孩子是脆弱的、敏感的、容易受伤的，即使是男孩，他们也会悲伤沮丧，此时，不妨哭出声来。你可能会认为，一个坚强的人就应该始终不哭，哭是懦弱的，而其实并不是如此，在过度痛苦和悲伤时，哭也不失为一种排解不良情绪的有效办法。哭不仅可以释放身体内的毒素，还能释放能量，调整机体平衡。在亲人和挚友面前痛哭，是一种真实感情的爆发，大哭一场，痛苦和悲伤的情绪就减少了许多，心情就会痛快许多。流眼泪并非懦弱的表现。所以，男孩你该哭当哭，该笑当笑，但要把握好一个度，否则会走向反面。

总之，青春期是心理波动较强的时期，在这个期间，可能

你的心理承受能力比较差。但你要认识自己的情绪，并控制自己的情绪，只有这样，你才能保持稳定的心境！

青春期男孩，虚荣、攀比心理要不得

默默已经十二岁了，在音乐上很有天赋，从小父母就让他学小提琴，但是，他也是个十分“奢侈”的孩子，服装上，他穿的衣服不是耐克就是阿迪达斯，用的也都是名牌产品——总而言之，他从头到脚都是名牌。有些时候，父母给他买来不是名牌的衣服，不管多好看，他都一概不穿，还为此哭闹了很多次。

父母对他这点也十分头疼，实在不明白为什么孩子这么小就如此热衷于名牌，而默默的理由就是：“让我穿这些，我怎么出去见人啊？我的同学都穿名牌，我要是没有，人家会笑话我的。我不穿，要不我就不去上学。”

不仅如此，默默还逼着爸爸给他买笔记本和高档手机，原因也是“同学都有”。

其实，像默默这种现象，在青春期男孩中早已不是特例，尤其是那些家庭条件优越的孩子，他们从小就穿名牌衣服、吃优质食品、玩高档玩具，于是，进入青春期后，他们学会了互相攀比。

其实，很多时候，男孩的虚荣心，和家庭以及父母的教育有很大的关系。现在许多父母溺爱自己的孩子，认为只有一个孩子，又有经济承受能力，所以舍得买高档玩具、流行服装。有些父母不注意男孩的修养和教育，纵容孩子在吃穿打扮、玩具图书等方面与他人攀比，甚至给男孩大把零花钱以显示自己的富有和与众不同。他们总喜欢讲自己儿子的优点，甚至在亲朋之间也炫耀自己的儿子，亲朋为了礼貌也都讲孩子的优点，使得孩子在生活中听到的始终是一片赞扬声。家长对男孩一味“吹高”“捧高”，让男孩在一片赞扬声中长大，从不受任何挫折，男孩的虚荣心便由此慢慢形成。

我们不能否定的是，攀比是很正常的心态，每个人或多或少都有攀比心，包括成人。有时候这种心态的存在可以促使人去努力、去奋斗，从一定意义上说，攀比心是促进人前进的动力，良性的攀比能使人奋发，但对于青春期男孩自身来说，如果不克服自己的虚荣心，很容易误入歧途。

生活在这个世界上是很不容易的，而生命却是有限的，所以我们要把有限的生命投入到无限的快乐生活中去，这样才能真正获得幸福。

那么，青春期的男孩们，该怎样克服虚荣心呢？

1.避免物质生活过于奢华

人们贪念的形成，多半都是从物质上开始的，有了点钱就更想有钱，住了房子想住别墅等，同样，很多青少年身上也有这样

的缺点，他们总是想吃高档食物，总是要买名牌衣服，而假若你从小就注重生活的节俭，还怎么会有这样的性格缺点呢？

2.学会知足，享受简单的快乐

如果你能体会到和同学们一起做游戏、和父母一起享受天伦之乐的快乐，你还会把眼光放在对物质生活的追求上吗？

因此，亲爱的孩子，在忙碌的学习之余，让自己投身到人际关系中吧，从中获得乐趣，由此变成一个心态阳光的男孩。

为什么我的内心总有股无名火

这天一大早，张太太一到办公室，就跟自己的同事谈起了儿子的教育问题。

“东东最近不知道怎么了，好像总是爱发火，有时候，我并没有说他什么，他也会生气，现在好像我都变成了他的出气筒了。”张太太抱怨道。

“其实，孩子自己也不想这样，这是因为他们处在叛逆的青春期，情绪多变，心中有无名火。我家儿子比你家东东大几岁，他前几年也是这样的……”

的确，情绪多变是青春期孩子的典型特征。很多男孩常常说，“内心总有股无名火”，他们常常会对他人怒目相向。而作为男孩自身，即便出现了一些令你气愤的事，你也要把控好

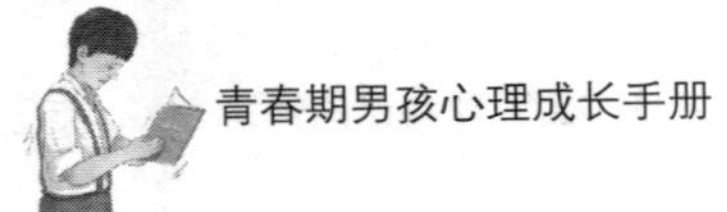

自己的情绪，这样，不仅会显出大家风范，获得尊重和敬仰，也会收获很多快乐。

马克·吐温说：“世界上最奇怪的事情是，小小的烦恼，只要一开头，就会渐渐地变成比原来厉害无数倍的烦恼。”而对于智者来说，在烦恼面前，他们不会愤怒，因为他们深知，愤怒是十分愚蠢的行为，只会让自己陷入糟糕的情绪循环之中。

对于青春期男孩来说，应把控制自己的情绪、抑制自己的愤怒作为修炼自己良好性格的重要方面。当你遇到了不快的事情、即将要发火时，请告诉自己，如果我原谅他了，我的品质又提升了一步。这样一来，自然就压制住了要发火的倾向。

那么，怎么做才能完美地处理生活中遇到的愤怒?

1.认识自己发怒的原因

当你的情绪稍微冷却下来以后，你可以试着认识自己发怒的原因。你是不是因为同学总是对你的体重或发型冷嘲热讽而气恼不已？是不是你的朋友在你背后说了你的坏话？要预先想好发生这种情况时消除怒气的方法。

2.使用建设性的内心对话

赫尔明指出：“许多怒火中烧的人不分青红皂白地责备任何人和事：什么车子发动不了啦；孩子还嘴啦；别的司机抢了道啦之类。使怒气徘徊不去的是你自己的消极思维方式。”既然想法是导致情绪的主因，那么，如果你是个容易愤怒的人，

你就应该加强内心的想法，准备一些建设性的念头以备不时之需。例如：

“我在面对批评时，不会轻易地受伤。”

“不论如何，我都要平静地说，慢慢地说。”

当你能熟练这些灭火步骤时，你就会发现，自己花在生气的时间愈来愈少，而花在完成工作上的时间也相对地愈来愈多了。必定有用！只要你肯去试。

3.不要说粗话

不管你说的是“傻瓜”还是更粗野的词语，你一旦开口辱骂，就把对方列为了自己的敌人。这会使你更难为对方着想，而互相体谅正是消弥怒气的最佳秘方。

的确，愤怒是一种大众化的情绪——无论男女老少，愤怒这种不良情绪都会在不经意间毒害他们的生活。因此，男孩们，现在的你处于青春叛逆期，如果你常常动怒，那么，你最好学会以上几点调节情绪的方法，从而浇灭愤怒的火焰。

我的压力太大了，怎么办

经济的快速增长，生活节奏的加快，使得人们精神压力信增。长期的心理压力不仅会致使人得心理疾病，还可能会由此导致一些生理疾病的侵入，因此，生活中的那些“心理垃圾”

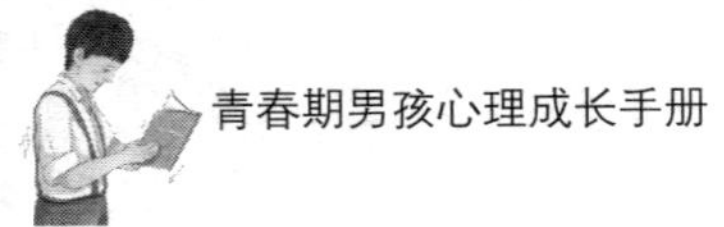

必须及时清理。

青春期男孩面临着未来激烈竞争的压力、面临着学习的压力、面临着升学的压力，这些压力都给男孩的身心上了重重的枷锁。叛逆期的他们，面对来自各方面的压力，常常会觉得很疲惫。

男孩们，即便你觉得压力再大，也不应该对父母发泄，不应该伤害他们，他们是你最爱的人。不少男孩可能会问。那么，面对重压该怎么办呢?

不妨试试下列这些心理调节措施：

1.语言排放

当你遇到不开心或者不幸的事时，不要把它憋在心里，有了心事，就应该告知他人，可能别人会“一语惊醒梦中人”。这些人可以是你的朋友、老师或者亲人，其实自言自语也行。

2.回归自然

当你心理不平衡、有苦恼时，可以让自己的身体回归大自然，尤其是那些山清水秀的地方，更是排放心理压力的好去处。在神奇的自然面前，你的一些烦恼事都会烟消云散。

3.阅读

古人云：“书中自有黄金屋，书中自有……”这句话是有道理的。一旦我们对某本书产生兴趣，就会投入进去、爱不释手，如此一来，尘世间的一切烦恼都会被抛到脑后。

4.音乐放松法

音乐是人类最美好的语言。那些轻松愉快的音乐会使得你将那些不愉快的事情抛到九霄云外。

5.运动

这里的运动，包括很多种，可以是力量型的运动，如长跑、打球、健身等，也可以是智力型的运动，包括下棋、绘画、钓鱼等。从事你喜欢的活动时，你的不平衡的心理会逐渐得到平衡。

6.与人为善

在别人需要帮助时，伸出你的手，施一份关心给人。仁慈是最好的品质，你不可能去爱每一个人，但你应尽可能和每个人友好相处。从自己做起，与人为善，这样才会有朋友。

的确，对于男孩来说，有了压力一定要学会发泄，但发泄的方法一定要适当，这样才会起到释放压力的作用。

为什么我就是很反感老师的管教

辰辰从小调皮捣蛋，不怎么受老师喜欢，但他很聪明，因此成绩一直也不错。上初中以后，老师把辰辰的座位和李凯的放在了一起，因为李凯是个安静、听话的男孩。而辰辰就不喜欢和这样的人玩，回家后，他一直抱怨，对妈妈说：“您说，

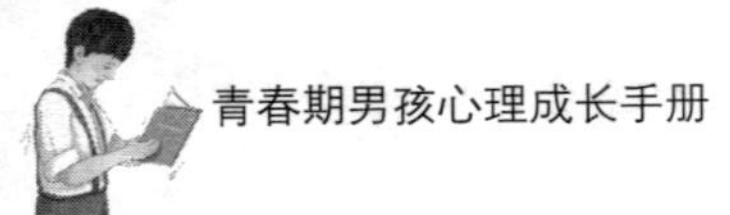

那李凯也并不是什么学习尖子，老师怎么就那么喜欢他呢？”

“傻儿子，你要知道，在学校，取得老师的支持、让老师喜欢你，对你的学习是很有帮助的，老师是不是经常单独给李凯补课？”

“您怎么知道？”

“我当然知道，这就是因为老师喜欢他。你也可以做到。”

“那我怎么做？”

“后天不是教师节了吗？自己动手做个小礼物，写上你想对老师说的所有话，你们之间的关系肯定能拉近一步。”

“我知道了，谢谢妈妈。”

教师节那天，辰辰给每位老师送上了自己亲手做的卡片，还附上了信件。老师们都笑了。

青春期，很多男孩由于教师对自己的不理解、不信任而产生了心理上的对抗。其实，每个男孩都希望能成为老师眼中的优秀者，想让老师喜欢自己。在学校里，师生之间的人际关系和谐、友好、亲密，能使师生团结合作，提高教育活动的效率。因此，那些对抗也只是表面的，教师仍然是男孩的理想目标、公正代表，他们希望得到教师的关心、理解与爱。那么，青春期的男孩们，该怎样努力取得老师的支持呢？

1.尊敬老师

尊敬师长，是每个学生必须做到的。老师辛勤地工作，希望每个学生都能成人成才，但教师也是人，难免有缺点、有错

误，如果因为教师工作中有缺点、有错误就不尊敬，那是不对的。男孩们，你应该体谅老师的苦心，更要尊敬老师。有了尊敬，才能建立良好的师生感情。

2.努力学习，用成绩回报老师

老师希望每个学生都取得好成绩，因此，对那些学习用功、成绩优异的学生，老师总是格外关注，因为他们是老师教学成果的最好证明。因此，要想获得老师支持，成绩是最好的武器，学习成绩的上升，会让老师看到你的努力，如此一来，老师自然会喜欢你。

3 .主动关心老师

在某个节日的时候，你可以精心制作一个礼物，并写上你想对老师说的话。比如，在给班主任老师的贺卡上写道："亲爱的老师：这一年来给您添麻烦了，感谢您的辛勤培育。在新的一年里，我打算把各科成绩都提高一个层次，请您继续关注我，帮我一把，好吗？"相信，任何一个老师看了这张贺卡，都会被你的上进心所打动的。

第05章

青春时光，男孩怎么样都不要耽误学习

学习成绩的好坏从一定角度上来说是衡量一个学生学习状况好坏的重要指标。毋庸置疑，对于青春期男孩来说，他们的主要活动是学习。相对于从前来说，青春期的学习任务急剧加重。你可能并不爱学习，但随着社会竞争的日益激烈，你必须明白“知识成就命运”这个道理，也必须掌握知识。其实，人生是自己的，学会享受生活和学习，你就会变得轻松，就能在学习和生活之间轻松地游走，人生的重要时期——青春期也就能充实快乐地度过！

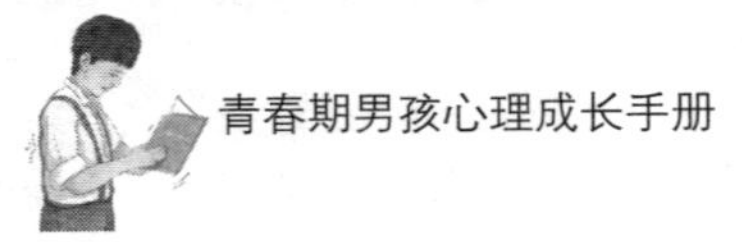

明确读书目的：你在为谁读书

这是一个十五岁男孩的日记："我从小就是妈妈管我学习，爸爸在外面挣钱。每次我除了做完老师布置的习题，还要完成妈妈布置的额外任务。记得有一次妈妈对我说做完20道题就可以出去玩儿，然后她就去做饭了，为了投机取巧，我把前后几道应用题做完就说自己做完了，我想，妈妈是不会发现的，然后我就出去玩了。天黑的时候我才依依不舍地回家。

"一到家，我就觉得什么地方不对，只见妈妈沉着脸叫我进屋，问我：'题都做完了吗？'我心虚地说：'做完了。'妈妈生气了，问：'真的吗？'我不敢说话，闷闷地站着。妈妈更生气了，说：'你为什么要撒谎？你以为你学习是为了谁？'我还是不说话。只见妈妈一下子冲到桌子面前，呼啦一下把我桌子上的笔、本子和书全都扫到地上，然后气呼呼地转身走了。

"我吓坏了，妈妈尽管对我比较严厉，但是从来没有发过这么大的火，就算是她打我，我也没有这么害怕过，因为每次妈妈打完我还是要最后一个过来哄哄我的。我一个人呆呆地站在那里，不敢动也不敢说话，心想：要是以后妈妈再也不管我

学习了可怎么办？屋子里渐渐暗下来，妈妈没有来，也没有别人来叫我去吃饭。

“就这样不知道过了多久，我收拾好散落一地的书、本子和笔，鼓足勇气走到妈妈面前，对妈妈说：‘妈妈，我错了，我不该骗您，以后我不这样了。’妈妈马上就原谅了我。

“虽然那次妈妈没有打我，但是真的把我吓坏了，而且从那以后，我再也没有骗过妈妈。但是，学习究竟是为了谁呢？”

看完这个故事，青春期的男孩们，你是不是也像这个男孩一样，认为学习、读书是为了父母的面子、老师的名声？如果你这样认为，那么，你肯定会觉得读书、学习是一种负担，没有了学习动力，又怎么能学得好呢？的确，有时候，父母会逼你学习，会剥夺你玩耍的时间，会让你觉得不近人情，但你是否真的知道自己是为了谁而读书呢？

不得不说，很多男孩都对自己的人生感到迷茫，不明白自己为谁读书、为谁学习，更多的则认为是为父母学习，为了给父母争面子，而这种学习态度直接导致他们对待学习和生活冷漠，没有热情，对什么都没有兴趣，觉得整个世界都是没有意义的，整个人看起来无精打采，对什么都不在乎。

其实，你要明白，读书是为了自己，年幼的时候，可能不懂得为什么父母要你好好读书，但父母的社会经验告诉你，在这样一个竞争十分激烈的社会中，没有知识，就等于没有生存的本领，每个人都在用知识、为了自己的未来打拼。寒窗苦读

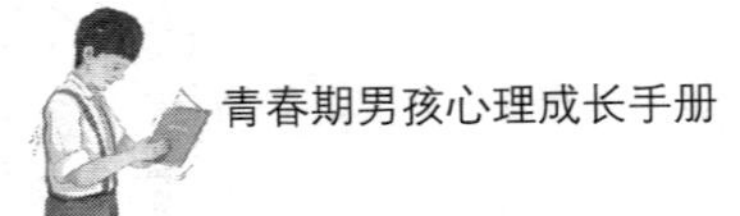

的过程的确很辛苦，但这是一个人立于世的必经过程。

有了这样的心态，即使你在学习的过程中遇到了很大的压力，让你喘不过气，你也可以选择适当的方式发泄一下。不管怎么样，不要去抱怨父母什么，尽快调整自己的心态，你的未来在你自己的手中，谁也不能替你去主宰。未来，就在眼前，需要你努力加油！

我就是讨厌读书：找到学习的兴趣所在

小小已经初二了，他开始有点厌学。

这天放学后，老师叫小小来一趟办公室。

"宋小小同学，你能不能告诉老师，为什么你学习这么刻苦，成绩却不见提高呢？"老师说完，小小低下了头。老师好像看出了这点，就鼓励他说："有什么话你今天就当着老师的面说清楚，这对你的学习有好处啊！"

"其实，我对学习根本就没什么兴趣，每次，我都是强迫自己背单词、做数学题，因为每天回家之后妈妈都会检查我当天的学习情况，我只能这样。"

"我大概知道你的学习成绩上不去的原因了，因为你对学习提不起兴趣，所以要花点时间激发学习热情。"

常言道，兴趣是最好的老师。没有学习兴趣也是很多男孩

学不好的原因之一，当他们在某学科上学得不好、成绩很差，问他们是什么原因时，有些男孩会说：“我对学习没有兴趣，我学不好，我不学了！”

可见，没有了兴趣，也就没有了学习。兴趣对学习起着重大的基础、决定性作用。而男孩进入青春期后，课程内容增加、学习负担加重，如果男孩不能主动、积极地学习，那么，学习效率就会低下。

青春期的男孩们，作为中学生的你，也应该努力培养自己对学习的兴趣，只有对学习有热情，你才能真正提高学习效率。的确，学习是枯燥的，但只要你努力专注于它，你就能逐渐产生兴趣。如政治，它的理论性比较强，所以，你应多培养些对政治的兴趣。平时多关注些国家的大政方针政策，在遇到问题时，把自己想象成一个公务员，想象公务员是怎样解决问题的，这样政治就生动起来了，其实，政治就在我们身边。

为此，每一个男孩都需要有意识地培养自己对学习的热情。对此，你需要做到：

1.积极期望

积极期望就是从改善学习者自身的心理状态入手，对自己不喜欢的学习内容充满信心，相信它是非常有趣的，自己一定会对它产生信心。想象中的“兴趣”会推动我们认真学习它，从而逐渐对学习产生兴趣。

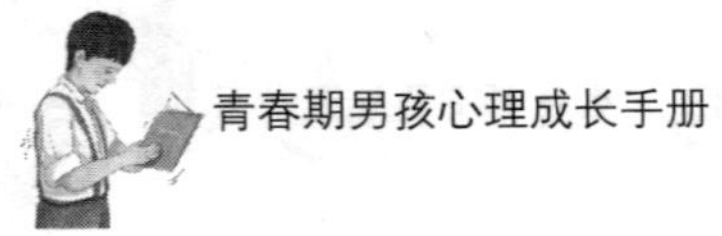

2.从可以达到的小目标开始

在学习之初，确定小的学习目标，学习目标不可定得太高，应从努力可达到的目标开始。不断的进步会提高学习的信心。

3.了解学习目的，间接建立兴趣，培养热情

学习目的，是指你要明白学习的结果是什么、为什么要学习。学习过程多半都是要经过长期艰苦努力的，这种艰巨性往往让人望而却步，所以要认真了解学习的目的。如果你能对学习的个人意义及社会意义有较深刻的理解，你就会认真学习，从而对学习产生浓厚的兴趣。

4.培养自我成功感，以培养直接的学习兴趣

在学习的过程中，每取得一个小的成功，就进行自我奖赏，达到什么目标，就给自己什么样的奖励。有小进步、实现小目标，则小奖赏，如让自己去玩一次自己想玩的东西；有中进步、实现中目标，则中奖励，如买一本自己喜欢的书画或乐器等；有大进步、实现大目标，则大奖励，如周末旅游等。这样通过渐次奖励来巩固自己的行为，有助于产生自我成功感，不知不觉就会建立起直接兴趣。

学习方法不对，怎么也学不好

学习方法因人而异，但正确的学习方法应该遵循以下几个原则：

1.注重基础，一步一个脚印。学习不是一蹴而就的，基础牢靠，才能讲求技巧，任何投机取巧、好高骛远的学习态度都是不正确的，只有一步一个脚印，打好基础，学好每个知识点，才会有成效。

2.多思考，帮助记忆。很多学生不知道自己为什么总是记不住某个公式或者某个英语句式，这是因为你没有真正理解，记忆与理解是密切联系、相辅相成的。只有理解透彻，才能记得住；也只有多读、多记，才能帮助理解，也就是理解记忆。“熟读”，要做到“三到”：心到、眼到、口到。“精思”，要善于提出问题和解决问题，用“自我诘难法”和“众说诘难法”去质疑问难。

3.充分发挥学习的主动性和积极性。学习是主动的，任何强制性的学习都不会有高效的成果。

4.将书本知识消化成实践活动。就是要根据认识与实践的辩证关系，把学习和实践结合起来，切忌学而不用。因此，男孩要注重实践：一是要善于在实践中学习，边实践、边学习、边积累。二是躬行实践，即把学习得来的知识用在实际工作中，以解决实际问题。

总之，青春期男孩，你要明白，学习方法只有适合自己的才是最好的。有针对性地制订出一套独特的、行之有效的学习方法，不仅能提高你的学习成绩，更重要的是能令你找到学习的兴趣和热情！

制订合理的学习计划，提升学习效率

又到了班级每个月一次的家长会，会上，大家七嘴八舌地说起来。

“陈聪是怎么学习的呀？”一些家长凑在一起讨论。

“听说他并不是每天晚上做题到深夜，我家儿子每天都做好些习题，可是学习成绩就是不见好啊，这是怎么回事呢？”

“是啊，我家儿子也是，好像每天都忙忙碌碌的，有时候，饭都顾不上吃，一心努力学习，可学习成绩还是处在中等水平。”

这时，另外一位家长说：“他们现在已经是初中生了，不能再以从前的学习方法学习，得重新制订一个合理的学习计划，他们才能高效地学习，不然学没学好、玩没玩好，孩子两头受累啊！”

作为青春期男孩，可能你会发现，进入青春期后，你也逐渐认识到了学习的重要性，认识到初中课程量的加大、学习的紧张等，因此，当你跨入初中大门的那一刻起，你就决定要做

个优秀的学生，努力学习，你希望可以继续走在队伍前列，但事实上，你似乎总是力不从心，似乎总是感觉时间不够用，学习效率也很低。这是为什么呢？

其实，这是因为你缺少一个合理的学习计划，合理的学习计划是提高你成绩的行动路线，是帮助你成功的有力助手。没有学习计划，学习便失去了主动性，容易东抓一把西抓一把，以至于学习没有规律，抓不住学习的重点，因而总是被其他同学远远地甩在后面。

当然，学习计划应该由你自己来制订，家长所要做的应该是一个从旁协助的工作：帮助孩子把学习计划合理完善、监督孩子的执行、结合实际提出修改意见等；而不是越俎代庖，按照自己的意愿亲自制订。

那么，你应该如何制订学习计划呢？

你可以遵循以下几个原则：

1.合理安排时间，制订出作息时间表

你可以制订出一张作息时间表，在表上填上那些非花不可的时间，如吃饭、睡觉、上课、娱乐等。安排这些时间之后，选定合适的、固定的时间用于学习，必须留出足够的时间来完成正常的阅读和课后作业。完成这些后，你要看看在时间上的安排是否合理，比如，每次安排的学习时间不要太长，40分钟左右为最佳。学习不应该占据作息时间表上全部的空闲时间，总得给休息、业余爱好、娱乐留出一些时间，这一点对学习很重要。一张作息时间表也许不能解决所有的问题，但是它能让你了解如何支配你这一周的时间。

2.学习任务明确，目标切合实际

制订完学习计划后，你可以找家长加以审核，要确保学习任务明确，目标符合实际，因为很多孩子制订学习计划时总是“雄心勃勃”，一天的时间恨不得要完成一周的任务。这样不切实际的目标往往是导致计划不能正常执行的主要原因。

3.学习计划应与教学进度同步

在制订学习计划的时候，一定要注意这点，只有这样，你才能把预习和复习纳进学习计划中。这就要求在制订学习计划时要以学校每日课程表为基准，参照学校老师的授课进度，再结合自己的学习状况制订计划。

4.计划应该简单易行而富有弹性

整个计划要有一定的机动灵活性。正常情况下，计划都应该严格按时完成，但你的生活要受很多因素影响，难免会有特别的情况，所以就要求计划不能过于僵死呆板，要有一定的灵活性，可以不至于因为一个环节不能完成而打乱后面的所有计划。

总之，制订一份合理的学习计划，就等于为你找到了促进学习进步的金钥匙。制订严格的学习计划，养成守时、有序、高效的好习惯，是你一生受用不尽的财富。

克服偏科，均衡发展

俗话说，兴趣是最好的老师。在学习中，兴趣是一种强大的动力，一旦人们对某一学科产生兴趣，他们就会积极探索，克服困难，直至成功。但中学阶段的大部分学科都是枯燥的，再加上一些学生可能不喜欢某门学科的老师，或者学习底子差，进而逐渐开始不喜欢这门课，而对学科没有兴趣反过来也让他们没有学习动力，如此一来，学习成绩自然会下降。

可能有不少男孩都有这样的烦恼，对于自己不喜欢的学科，越是不喜欢，就越不想学，久而久之，导致自己学习成绩越来越差。那么，应该怎样对待不感兴趣的学科呢?

1.正确认识不同学科的价值和意义

你不喜欢某一门学科，可能是因为你对这门学科的重要性认识不足。而且有些课的内容本身就很枯燥，讲得“没意思”不一定是老师的责任。但是，只要你承认它“有用”，你就必须学习。学会去做好不喜欢做的事情，也是走上社会之后必修的一课，你不能任性地逃避。

比如，你不喜欢英语，但英语是一门工具课，无论你将来从事何种职业，都是必需的。如果你等到需要用的时候再努力，就失去了最佳的发展时机。

2.假装喜欢这些学科

人的态度对学习是很重要的，有时态度决定一切。心理

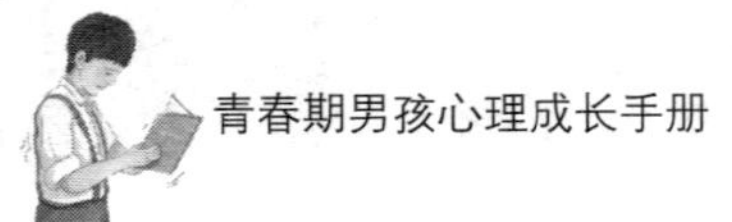

学的研究表明，当一个人对某一事物不感兴趣时，可以假装喜欢，告诉自己，其实我挺愿意去做这件事的。这样一段时间以后，你就会在不知不觉中改变自己的态度，变得对这件事情感兴趣了。

3.你不喜欢这些学科，可能与学习成绩有关

其实很多东西，在你不会、没有获得成就感的时候，往往是“没意思”的；如果你迫使自己去学习，并获得进步，这时可能就会产生兴趣。

即便你在这些学科上学习成绩不太理想，也不要过分焦虑，不妨降低一点目标，采取逐步提高的办法。同时，也可以了解一下别人的学习经验，加以借鉴。要相信，一分耕耘，一分收获。当你的成绩有所进步时，你的信心会因此得到增强，学习兴趣也就相应地得到了提高。

总之，青春期男孩，你需要明白的是，所有的课程，都是你向别人学习的机会。三人行必有吾师，因此，无论你喜欢不喜欢一门课，你都要努力培养自己学习的兴趣，只有这样，你才能真正端正态度努力学习。

缓解压力，快乐学习

升入初三的明明明显比以前学习压力大了，他在球场上的时间越来越少，每天有做不完的习题和看不完的书，离中考的时间也一步步近了。

紧张的临战气氛和来自老师、家长与学校等多方面的压力，让明明觉得喘不过气来，明明爸爸严先生是个细心的人，他看出儿子最近的变化，于是找来儿子，开始帮助儿子解压。在一个周末，父子俩一起去爬山，爬到山顶的时候，严先生对儿子说："当心理状态不佳时，你可以暂时停止学习，放松一下，有一些小窍门会起到立竿见影的效果，如深呼吸、绷紧肌肉然后放松、回忆美好的经历、想象大自然美景等。考前一定要注意劳逸结合，学习之余可以去上网、爬山、聊天、听广播、看电视甚至蒙头大睡，这样既可以暂时转移注意力，也可以缓解大脑的缺氧状态，提高记忆力。这些方法都可以释放内心的压力，记住，劳逸结合，学会缓解压力，才能学习得更好。"

"谢谢爸爸，我知道该怎么做了。"

果然，明明又和以前一样，什么时候都精力充沛，学习上又有了更足的劲头儿。

学习压力对处于青春期的男孩来说，会产生两种效果，一种是适当的压力能够激励男孩，另一种是过高的压力使得崩溃，所以减压显得非常重要。和明明一样，很多男孩的学习是

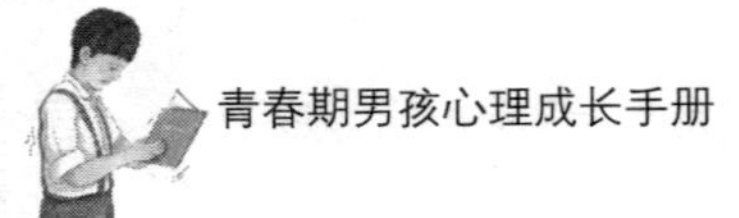

紧张的，但又必须是放松的。只有辩证地处理好这一矛盾，才能达到理想的学习效果。而要使学习过程轻松，就要有轻松的学习心理；没有过重的心理负担，才能运转自如地学习。

那么，男孩该如何解除自己的心理负担呢？不妨试试以下方法：

1.劳逸结合

首先要保证睡眠，晚上不开夜车。如果睡眠不足，要抽出时间补回来。另外，要适当参加运动。若时间允许，可在平时唱唱歌、跳跳舞或者参加一些集体娱乐活动。在看书做作业中间，做做深呼吸、向远处眺望等。

2.多与老师、同学以及家长沟通

同龄人之间有相同的经历，说出来可能惺惺相惜，有助于排解紧张的心理情绪；而你的经历可能是老师曾经遇到的某种案例中的一个，也许他的一句话就会让你豁然开朗。

3.相信自己

你要告知自己：别人能考好，我也能考好，有可能我比别人考得更好。

4.掌握减压的方法

怎么减压呢？每个人都会有一些释放压力的小窍门，无论采用什么方法，只要能解决问题就是好方法。比如，进行深呼吸，集中注意力，放松从头到脚的肌肉。这个过程可以是几分钟或者是十分钟。深呼吸的动作可以在课间做。

你还可以通过自我暗示减压。怎么暗示自己？比如，告诉自己：这种压力对我来讲，没什么了不起的，大家都跟我一样有压力，就看谁能够调节过来。当你认为你跟大家都一样的时候，你的压力马上就会减轻。如果某个早上你觉得特别烦，最简单的减压办法就是格外认真地把脸好好洗洗，然后照照镜子，拍一拍：我觉得今天脸很清爽，我感觉今天神清气爽。这也是一种很好的自我暗示。

课堂内容太多了：认真听课还要做好笔记

从历年高考状元分享的学习心得中，我们常常会看到记笔记的重要性。每个男孩都应该养成勤记善记的好习惯。

古人云："好记性不如烂笔头。"把笔记记在课本上，这样方便查找，也不容易丢失。我们通过翻看课堂笔记，可以回忆起当时的课堂情景，从而有助于理解、掌握知识。

当然，对于课堂笔记来说，要记些什么内容，也是有章可循的，你首先应该明确的是：你应该把主要的精力放在听和理解上面，课堂笔记则主要记以下内容：

1.老师列出的提纲。你应该很清楚地知道你不可能也没有必要把老师的课堂笔记一字不落地记下，所以你只需要记下老师列出的提纲就可以了。

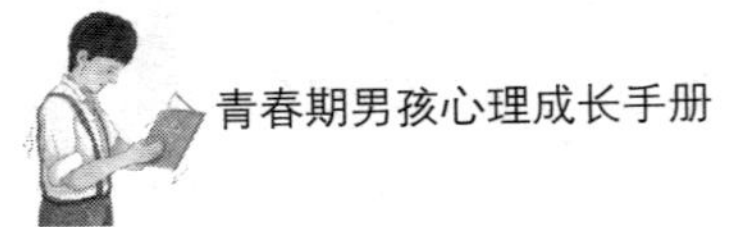

2.老师强调的重点内容。

3.书本上没有、老师补充的内容。

4.结合老师讲课的内容，记下你个人需要加强的知识。

5.记疑点。对老师在课堂上讲的内容有疑问应及时记下，这类疑点，有可能是自己理解错误造成的，也有可能是老师讲课疏忽造成的。要记得课后及时和老师沟通。

6.记方法。勤记老师讲的解题技巧、思路及方法，这对智力培养和解题技巧培养都有好处。

7.总结。注意记住老师的课后总结，这对于浓缩一堂课的内容，找出重点及各部分之间的联系，掌握基本概念、公式、定理，融会贯通课堂内容都很有帮助。

课堂笔记的内容应当简洁扼要，最好做到既有观点，又有材料；既有主干，又有枝叶。所以课堂笔记在记录的过程中也是有一定的技巧的：

1.不要记得太紧太密，每页右边留下约1/3的空白处，以便日后补充、修改。

2.用词用语要简洁浓缩，使用频率较高的词语可用代号。

3.写字要快，字迹不必要求太高，看清就行。

4.注意听课与看书结合，有些内容可直接在书上批注。

5.要学会使用不同颜色的笔，如有蓝色和红色两支笔，你可以用蓝色笔记录，重要的内容如概念、公式、定理等用红色标注出来，以便于以后复习时只需看一下提纲就可以进行

联想。

这里，你需要记住的一个原则是，无论如何，记笔记不能耽误听课，因为上课最重要的是听和理解，然后才是记笔记。如果埋头记笔记，老师讲的什么反而没有听清楚，或者只是听见了记下来了，但是没有动脑筋思考，这样的话，听课效果往往会很糟糕。

第06章

追星、追潮流，青春期男孩正确面对青春的“向往”

古人云“爱美之心，人皆有之”，这一点，在青春期的孩子身上体现得尤为明显，自我意识尚未完全建立的他们，对“美”的概念比较模糊，他们认为时尚的、潮的就是“美”的。青春期的孩子追星、爱打扮并无过错，但如果疯狂追星，以为奇装异服、浓妆艳抹就是“美”，那就是愚蠢的，不但会影响到孩子的学习，还会浪费钱财、损耗时间，甚至使孩子形成错误的价值观。为此，父母要从青春期孩子的心理特点入手，引导孩子认识什么是真正的美，进而让孩子从盲目追星、追潮流的误区中走出来。

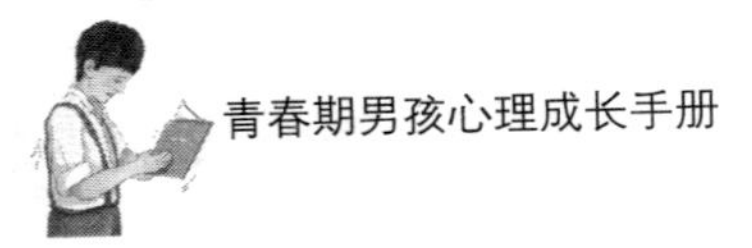

怎样看待追星

周六的晚上，雷女士看到儿子在上网，便对儿子说："你能帮我找找邓丽君的歌儿吗？"

"老妈，不是吧，那么老的歌儿你还听啊？"儿子一副不屑的样子。

"妈妈那时候可是邓丽君的铁杆粉丝呢，我可不喜欢什么周杰伦的歌儿，听不惯！"

"原来妈妈以前也有偶像啊！"

"有倒是有，可不像你们现在的孩子，还追星，为了一张演唱会的门票，可以省吃俭用，甚至等个通宵也要买到票！"

"您怎么知道有人这样追星啊？我们班就有几个女孩子这样，我可没那么疯狂！"

"我们单位好多年轻人也这样啊，还是我儿子理智啊！"

"但是妈妈，我们可以有偶像、可以追星吗？"

"什么事情都有个度啊，你有偶像没错，但要看是什么偶像，为了学习他什么而把他当成偶像，这是没错的。追星要追得有意义，不可盲目去做一些傻事。就在2006年的时候，有位女士为了与刘德华拉进距离合影，不惜倾尽家产，而导致家败

人亡！这种追星的方式就不对嘛！”

“妈妈说得对，我喜欢周杰伦的歌儿，也是有原因的呀。周杰伦在领金曲奖‘年度最佳专辑’奖时曾说过一句：‘好好认真读书，好好听周杰伦的音乐。’杰伦的音乐以公益歌居多，如《梯田》《听妈妈的话》《外婆》《懦夫》等，几乎每张专辑都会有！”

“儿子说的也有道理啊……”

就这样，母子俩就偶像这一问题聊到深夜。

追星行为是指青少年过分崇拜迷恋影视明星和歌星的行为。中学生追星现在已经成为一种普遍的潮流。青春期男孩就是追星族中的一支力量。

而事实上，这些男孩心中的偶像大多都是影视歌星，只有少数人的偶像为艺术家或商人、作家等。很多男孩因为追星，已经逐渐变得疯狂起来，他们为那些明星偶像着迷，盲目地“随大流”，疯狂地收集明星资料，相片和唱片，这是非常愚蠢的做法。这样既浪费钱财，又损耗时间。那么，男孩为什么会成为追星族中的一员呢？

据心理学家的分析，偶像崇拜是青少年时期重要的心理特征之一，是青春期心理需要的反映。而他们之所以会追星，主要源于以下五个方面：

1.炫耀心理：任何人都有虚荣心，接近成人的男孩自然也有，这些虚荣心在那些成绩上不如人的男孩身上体现得更为明

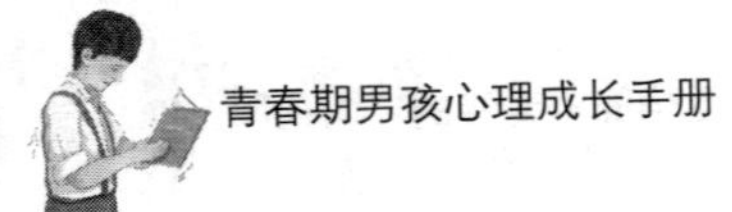

显。他们为了另辟蹊径、树立在同学们心中的形象，便利用明星这一共同话题。他们刻意模仿明星们的作风，收集明星们的信息，把这些作为与人交往时炫耀自己能干、消息灵通的资本，以此抬高自己的身价。他们借助谈论明星的话题，证实自己在同龄群体中的地位。而很明显，我们可以发现，那些学习成绩优异的同学，对明星的关注度会很小很多，因为他们已经有树立威望的资本——学习成绩。

2.从众心理：现代社会，随着媒体、广告的传播，文化也逐步呈现出多元化的趋势。而对于那些未成熟的青少年来说，除了课堂外，了解明星成了他们最大的乐趣。在这个时期，男孩的好奇心和模仿力都很强，他们喜欢标新立异、追赶时髦，如果周围的人都在研究明星，而自己被排除在外，就会被认为是落伍。而且，这些明星一般都是各种时尚的制造者。

3.共鸣心理：青春期也是一个多事之秋，无论是生理上的还是心理上的，青春期男孩会被很多问题困扰，同时，他们也总会遇到一些挫折和困难，于是产生很多烦恼。而每个人的遭遇又是不同的，因此，明星就成了他们与同龄人交流的一种有效武器，尤其是找到共识以后，他们更是一吐为快。同时，那些明星口中的歌词、电影情节，也引起了青春期男孩的共鸣，使男孩把这些歌词当作生活的指南，把演唱这些歌曲当作排解烦恼、忧愁的措施，崇拜也由此而生。

4.追求成功心理：男孩们都有一种英雄情结，而女孩则是喜欢明星靓丽的外表。但事实上，男孩并不是英雄，于是，他们把这种情结寄托在明星身上。而且，青少年时代是一个充满幻想、渴望成功的时代。在这个阶段，男孩会对自己的未来有种种向往和追求，他们追求个性发展的丰富、多样，向往事业的成功，幻想赢得别人的好感和赞扬，希望得到异性的垂青，渴望自己有出众的风度和优雅的举止等。但是，如果仅仅靠自己的摸索，是很难获得这样的成功的，于是，那些不能实现自己向往的男孩，就把那些已经取得一定成功的明星作为仿效的榜样。明星们所取得的辉煌成功、优越的生活条件、前呼后拥的气派和大量的掌声、鲜花等，使男孩们羡慕不已，他们希望通过模仿、崇拜明星来改善自己的言行举止和衣着打扮，借助明星们的言行举止和衣着打扮等找到获得成功的捷径，以提升自己的价值，追求自己渴望的成功。

无论是谁，成人也好，青春期的男孩也好，都需要一个目标，榜样的力量是无穷的，正如“没有星星，宇宙将漆黑一片”一样。

年轻人需要榜样，偶像肯定是在某个领域获得巨大成功后才成为偶像的，但是，盲目地追星，会让自己的生活陷入无目的之中。青春期男孩，要正确认识追星现象，正确引导追星情结，要想使你的生活变得充实、丰富，你要做的不是跟在明星后面，而是行动起来，为自己的目标奋斗，为自己

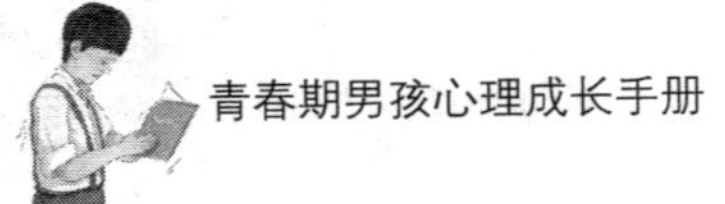

的梦想努力，这样，你才可能成为建设国家的栋梁之才和耀眼之星。

怎样看待“非主流”

随着时代的发展、物质生活水平的提高和价值观的多元化，跟上“时尚”与“潮流”的步伐已经不再是成年人的专属，很多未成年的青春期男孩，也纷纷把追逐时尚作为重要的生活内容。

如今在街上，到处能看到一些“非主流”装扮的男孩，有些还只是初中生，刚刚进入青春期。那么，什么是非主流呢？

非主流指不属于主流的事物，如文化上的次文化、宗教上的异端、人群中的异类等。非主流是相对于主流而存在的概念。一个事物既可以从非主流变成主流，也可以从主流变为非主流。

青春期的男孩已渐渐发育，并开始注重自己的外貌和装扮。这些青春期男孩的一大特点就是喜欢一些惹眼的装扮，让人一眼就能从人群中分辨出来。

然而，青春期是人生发展中的一个重要时期，要追求个性，可以通过更积极的方式，而不是通过服装。如果男孩把过多的精力放在穿衣打扮上，在学习方面就会放松，甚至会因此耽误学业。抱有这样一种浮躁的心态，又怎能搞好学习呢？

另外，青春期也是审美观、服饰观形成的阶段，奇装异服只能显露你的不成熟和审美偏差。

再者，青春期应该追求的是内心的充实，培根说：“人一旦过于追求外在美，往往就放弃了内在美。”生活中，有些男孩为了得到想要的衣服，想方设法掏空父母的钱包，或是见别人穿得帅气了就妒之、恨之。更有甚者，由于经济不支却又盲目赶时髦，于是铤而走险，采取不正当的手段，骗取、偷窃家人或其他人的财物，铸成大错。

不得不说，“爱美之心，人皆有之”，这并不是女孩的专利，男孩也不例外。每个男孩都希望自己可以打扮得阳光、帅气一点，每当穿上买的新衣服，心里总是美滋滋的，走起路来也特别有神气。但青春期男孩一般都是学生，正处于求学时期，又没有经济收入，因此穿戴方面不宜赶潮流、追时髦，只要衣着整洁、朴素大方即可。

为此，青春期男孩要记住以下几点着装要求：

1.要干净整齐，不能邋遢有异味；

2.不能穿背心，更不能光膀子；

3.不能穿拖鞋，更不能打赤脚；

4.不能戴有色眼镜；

5.衣服扣子要系好，不能敞胸露怀；

6.不能穿奇装异服，和学生的身份不符；

7.不要染发、打耳钉，不需要盲木和同学攀比、追求名牌。

爱美是一点儿也没错的，但人的打扮一定要得体、要适当，这样才能显出美和可爱。不同年龄、不同身份的人有不同的形象要求。总之，青春期男孩要明白的是，青春期本身就是美丽的，不需要任何刻意的修饰，男孩需要理智地对待身边的发生的事，这样，男孩的青春期才会过得纯洁、快乐！

阳光男孩该怎样打扮

青春期的男孩们，逐步接受成人世界的一些做人做事、穿着打扮的方法；另外，随着广告、媒体、娱乐的宣传作用，很多男孩追求个性、时尚的生活方式，开始盲目追星，开始喜欢穿一些奇装异服，开始喜欢表现自己的男子汉气概、喜欢出头。青春期是接受新事物的年纪，但作为父母，我们一定要指导孩子有所选择地接受，对于外界对孩子的影响，要告诉他们学会吸其精华、去其糟粕，然后为自己所用。

作为未来的成熟男士，青春期的男孩们也需要了解一些正式场合的穿着打扮。

男士在出席宴会、正式会见、招待会、婚丧礼、晚间的社交活动场合必须穿深色西服，衬衫要求穿白色，要求佩戴有规则花纹或图案的领带，颜色对比不宜太强烈。细细说来，需要了解以下几个方面：

（1）衬衫

白色为衬衫里的经典色，男人的衣柜中，应该多备一些白色的衬衫，也可以买一些如象牙色、灰色、浅蓝色等柔和色调的衬衫。要知道，浅色衬衫比深色衬衫更具有权威性；长袖比短袖更正规，细条纹比粗条纹典雅；衬衫要熨好；衬衫袖口应该略长于外套1/2英寸，外套袖口到大拇指尖应该保持$5\frac{1}{4}$英寸，衬衫袖口到大拇指尖保持$4\frac{3}{4}$英寸；领圈要留一定的空隙，90%的男士领圈都绷得紧紧的，这样显得很臃肿；脖子短的人应该选择低领衬衫，长脖子应该选择相对高一点的领子；浅蓝色衬衫最上镜头，在电视采访或录像时穿最佳。

（2）领带

深色，条纹花案小、简单的领带更具有权威性；

斜条、暗格、几何图形的领带更能让人接受，不要戴那种飞机、坦克、高尔夫球图案的领带。

（3）皮带和背带

皮带和鞋子颜色一致；黑色皮带适用于任何颜色的服饰；皮带不要太宽或太细；皮带扣应该大小适中，金色为最佳颜色；背带颜色应该和服饰相配，穿背带就不系皮带。

（4）袜子

深色袜子可以和任何颜色的衣服相配，如果穿浅色的衣服，袜子颜色也可以浅一些，但是一定要略深于衣服颜色；袜子要包住小腿部位，不能只到踝部；深色、精致、面料大方简单。

（5）鞋子

系带皮鞋更庄重正规，一脚登比较适合夹克衫和宽松装；黑色的皮鞋可以配任何颜色的服装；低跟皮鞋更有绅士风度，粗犷豪放的厚跟皮鞋不适用于职员、经理人；每两天擦一次鞋，锃亮的皮鞋给人感觉很酷。

不要盲目追求与攀比

随着物质生活的逐渐改善，金钱和物质的熏染已经蔓延到年轻的青春期孩子身上。一些爱面子的青春期男孩之间的攀比现象无处不在、无时不有，不同年龄、不同家庭背景的男孩，都有基于自身特点的攀比之心和攀比之行。一般情况下，这种攀比都是物质上的，盲目的。

攀比深深地渗透于原本质朴的男孩的生活和学习过程中，影响着他们的思想、学业和行为，为了追逐潮流，如名牌服装、高档手机、电脑、数码产品等，许多男孩形成攀比心理，以致很多家长不堪经济重负，纷纷喊累。这些男孩一般会比穿戴，比吃喝，比玩乐，比排场。

攀比现象的表现形式还有很多，一般情况下，攀比者不会比谁的成绩好，谁的知识更充足，而是比看谁吃得好、看谁穿得帅、看谁花钱阔绰、看谁发型新潮；有的男孩对家境津津

乐道，比谁的家庭金钱多、比谁的父母权力大、比谁家的轿车档次高、比谁家的房子面积大；有的男孩甚至与明星比派头，与大款比享受。凡此种种，都反映出这样一个问题：他们所攀比的是“不该比的东西”。对人生观、价值观尚未定型的青春期男孩来说，热衷于对物质与享乐的追求，必将导致品行的变异。

畸形的攀比可能导致男孩虚荣心强，这对于男孩以后人生观、价值观乃至人格的形成都会起到一些消极影响。的确，没有哪个男孩愿意被周围的人看作异类，每个男孩都想融入集体，但这种攀比并不会为你赢得良性的人际关系。青春期男孩，一定要记住，你可以和同学比，但不要比物质，应该比成绩、比能力，你应和同学展开良性的竞争。

对此，男孩们，如果你也有攀比心理，你可以这样调节：

1.转变攀比兴奋点

从理论上讲，攀比并不是什么坏事，但要看攀比的具体内容。实际上，真正意义上的攀比，包括两个方面的含义，一方面是指那些盲目与别人比较，而不顾自己实际、不求长远目标、不合教育要求的现象；另一方面也包括那些有明确的进取目标，有意识地、积极地、善意地、科学地与他人比较的现象。

良性的攀比能使人奋发，男孩与同学之间互相竞争、你追我赶、不甘示弱的现象能构成校园生活中一道亮丽的风景。青春期男孩应该做到：在学业上，要敢与“第一名”比，为了能够超过他人，要制订详细的学习计划，并脚踏实地付诸行动；在品德上，要把标兵、模范作为自己做人的楷模，比做人的本领、比对集体的奉献、比各自的理想；要敢于和同学比自己的特长，也要学会弥补自身的不足。

2.不和他人比，自己和自己比

人们通常都会将自己和他人比，于是，会产生自卑等情绪，事实上，你应多拿自己和自己比。例如，今天和昨天比，这个月和上个月比，本学期和上学期比。在比较中，你会看到自己的进步：原来不认识的字现在认识了，原来不会骑自行车现在也会了……这些比较可以让你获得自信，并在欣赏自己的过程中努力超越他人。

3.始终记住学生的天职是学习，把攀比变成自己健康成长的推动力

学生的主要任务是学习，你应把主要精力放在学习上。所以，你应该与同学比成绩、比品德等，而不是比吃穿，以德服人才是真正的优秀。这样，你就会把攀比的焦点放在学习上了。

4.充实内在，淡化虚荣心

青春期也是人生观、价值观的形成期，青春期应该努力学习，但也不要一味地追求成绩的进步，还应该充实内心，这样才不会盲目与人攀比。比如，你可以购买一些能充实内心的书籍，这样，你就不会是一个“绣花枕头”。通常来说，爱看书，自然也就不会整天琢磨外表或其他的事情了。

可见，青春期男孩，你要明白，要和周围的同学比学习、比勤奋、比文化素质、比团结友爱，而不是变着法儿比吃、比穿、比打扮。正确看待世界万物，你会快乐、健康、明白地生活！

抽烟、喝酒并不会让你显得很“酷”

多多刚满15岁，却已经学会了抽烟。

他的爸爸回忆说：“我第一次发现他抽烟，是半年前的事了。那天，我买了一包烟，放在客厅的茶几上，还没抽几根，就没有了。后来，我在亮亮的房间发现了烟头，才知道，这小子居然偷偷开始抽烟了。再后来，我给他的零花钱，他总说不够花。那天，我下班很早，就顺便去他学校接他放学，结果却看到他跟自己同学在操场墙角处抽烟。我当时真是气不打一处来，当场把他带回家，好好教训了一番。可是，我还没说几句，他就反过来教训我：‘你要是能把烟戒了，我也戒。’”

在中国，烟酒的文化是长盛不衰，而且，随着物质生活水平的提高，烟酒的消费越来越低龄化，一些青春期的男孩女孩，也把抽烟喝酒看成一种赶得上时代步伐的表现，酗酒、抽烟的现象也在校园内蔓延。而烟酒似乎在男孩们中更为“流行”。一些男孩到了青春期，就认为自己长大了，也应该有一些男人有的权利，如抽烟、喝酒等；然而，青春期正是长身体

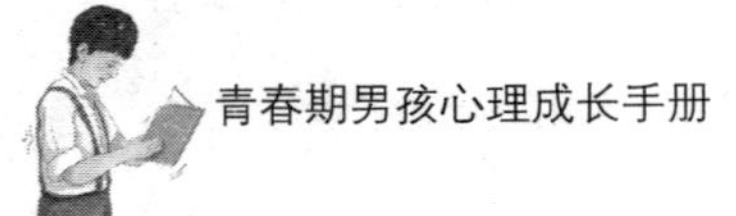

的阶段，此时男孩并未发育成熟，烟酒对发育期的身体有很大的危害。

1.吸烟的危害

卷烟燃烧时所产生的烟雾中，可分离出很多有害的成分，主要的有尼古丁、烟焦油、一氧化碳、氯氰酸等。吸烟对人的危害极大，尤其是对正在长身体的男孩们危害更大。

（1）香烟中含有大量的氯氰酸，这是一种致癌物质，长期抽烟使肺癌的发病率提高。

（2）香烟中的一氧化碳是一种无色无味的有毒气体，它会降低抽烟者血液的带氧能力，造成组织缺氧。青少年身体发育未完全，吸烟会影响青少年大脑的活动能力。

（3）尼古丁的危害更是大，它会使小血管产生收缩，引起心血管病变；此外，还可以直接削弱心脏的收缩力和损害脑细胞，导致记忆减退、头痛、失眠等。

青春期吸烟对男孩的身体的危害更为明显，这是因为他们正处于迅速生长发育阶段，身体各器官系统尚未成熟，比较娇嫩，自身抵抗力不强，对各种有毒物质的抵抗能力比成人更差，多半会吸收进去，所受危害当然也就更深。吸烟的青春期男孩患咳嗽、肺部感染的比例明显高于不吸烟者。青春期吸烟还可导致早衰和早亡及影响下一代的发育。

2.酗酒的危害

酒有解除疲劳、增进食欲、帮助消化的作用，但是过量饮

酒则对身体有害。青春期尤其不宜饮酒。

（1）首先是对肠胃功能以及所有消化系统的损害：酒精刺激胃肠黏膜，可产生胃酸过多、胃出血、腹泻、便秘等病症。

（2）酒精对肝脏的危害也极大，酒精中毒可造成急性脂肪肝、酒精性肝炎、肝硬化等。

（3）刺激甚至会伤害神经系统。

而对于青春期的男孩来说，他们正处于生长发育时期，酗酒的危害更大，除了以上危害外，还会使肌肉无力，性发育受到影响。有些男孩为了表现自己的“潇洒”，喜欢边饮酒边吸烟，这样对身体的危害更大。

第07章

调整竞争心态，男孩要提升自己的抗压抗挫力

我们不能不承认，现在不少青春期男孩生活在蜜罐里，过着衣来伸手、饭来张口的生活。他们是整个家庭的“中心”，父母过度的“富养”，让孩子既缺乏承受挫折的机会，更没有承受挫折的思想准备。所以,当挫折摆在面前的时候，这些孩子就会表现出懦弱、悲观、处处想逃避它的想法。但是生活并非一帆风顺，是处处藏着逆境的。因此，作为青春期男孩，你要主动适应成长、接受挫折，从而具有较强的心理承受能力和坚强的意志。懂得重新来过，这对于你未来的人生路有着非同寻常的意义。

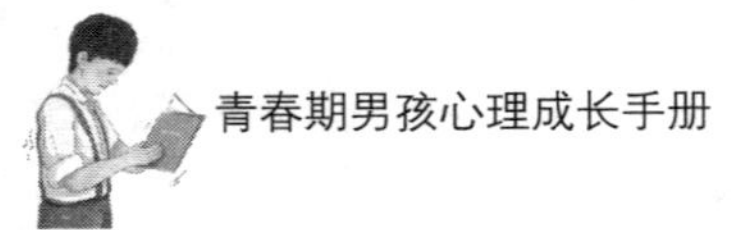

青春期男孩要着力培养自己抗压受挫的能力

曾有媒体报道，在湖北省的某个中学，有一名男生，成绩一直很好，是班上的好好学生，也深受老师和同学的喜爱。

有一次，一个学习成绩差的同学求他帮忙，让他帮忙作弊，谁料没有作弊过的他因为紧张过度被老师发现，最终被老师赶出考场。

事后，他对这件事一直耿耿于怀，最后羞愧地跳入长江，自杀身亡。对这名中学生自杀事件，人们从各个角度在报纸上展开了大量讨论，谈的最多的还是中学生的心理素质——心理承受力的问题。

我们不得不承认，现在的青少年心理承受能力越来越差。在学习方面，过分注重自己的学习成绩，一次考试成绩不理想就会使自己伤心很久，甚至出现厌学的倾向；在人际关系方面，害怕别人拒绝自己，不知道怎么与人相处，同学之间有一点小矛盾会感到束手无策，以致使自己心神不宁，学习退步；受到家长和老师的一点点批评就离家、离校出走等，以上的种种都是孩子输不起的表现。表面上看，这些孩子个性十足，其实内心里十分脆弱，就像剥离的蛋壳，稍一用力，就成了

碎片。

所谓心理承受能力，是指一个人从挫折中恢复愉快心情的心理素质。心理承受能力对一个人的生活和工作是非常重要的。一个人只要进入社会，就会遇到各种压力、困难和挫折，有的人能勇敢、乐观地去战胜它，而有的人却显得懦弱、悲观，处处想逃避它。

一幢大楼如果没有坚实的基础，如何“风雨不动安如山”？一个人的一生如果没有顽强的意志力，怎么面对各种各样的挫折？青春期的男孩们，不管在生活和学习中遇到什么挫折，都要记住，你是男子汉，凡事都要想开，年轻是资本，年轻不怕失败。

处于青春期的你们，有很好的记忆力，有很好的学习力，有很高的悟性，有很好的动力，你们要努力打好自己的基础，从这一刻开始。

挫折在人的一生中是不可避免的，不要哀叹自己为什么那么倒霉，总会遇到不如意或是失败，其实每个人都会遇到挫折，只是挫折有大有小而已。“天将降大任于斯人也，必先苦其心智，劳其筋骨，饿其体肤，空乏其身”，男孩是未来社会的顶梁柱，没有任何失败与困难能打到你。做任何事情，要想获得成功，必须付出代价，而遇到挫折和失败就是所付出的代价的一部分。遇到失败或是挫折并不可怕，关键是你如何对待挫折，不能一遇到挫折就心灰意冷、一蹶不振。

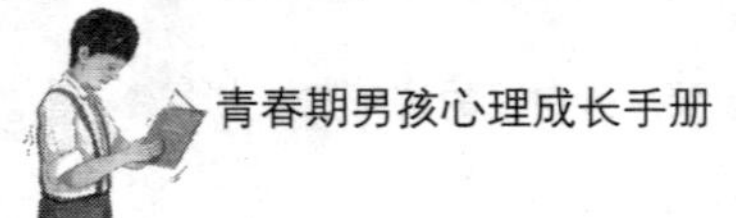

但从实际来看，如今青春期男孩的挫折承受力大多较弱。而且，越是在升学率高的学校，这一状况越为突出。男孩们何以如此心理脆弱，缺乏对挫折和失败的承受力呢？这里概述如下：

1.社会经验缺乏

当今社会，青春期的男孩们，除了学习以外，他们缺乏一些必要的社会经验，同时也失去了自我磨炼的机会。通常来说，他们的生活范围基本限于从学校到家门，这条路未免过于平直。尤其是一些成绩优秀的男孩，很容易养成“输不起”的性格。而当他们遇到困难、失败时，他们缺乏相应的心理准备，往往会迷茫无措，进而产生消极、厌学，甚至厌世的情绪。

2.现有升学制度的影响

不得不承认，长期以来，我国的教育制度完全是应试的，只考虑到学生们的共性需要，而一些非智力因素，如意志、抗挫折能力，学校并没有给予培养。很多男孩身上本有的一些男子汉的品质也被磨灭。从一定意义上说，片面地追求分数，过分地强调应试能力，势必要以牺牲或延缓其他能力的发展为代价。

3.独生子的特有属性

现代社会，很多男孩在家中都是独生子，正因为如此，他们在意志力上有一些弱点，具体表现为：

（1）依赖性强。他们衣来伸手饭来张口，甚至最基本的

生活能力都没有，其实，这都是他们长期依赖父母或者长辈造成的。

（2）自理能力差。依赖性必导致自理能力差。

（3）强调以我为中心。在家庭当中长期的核心地位，形成这一意识。由于独生子的这些特性，青少年面对挫折的承受力也相对更弱一些。

因此，青春期男孩必须要清醒地认识到挫折失败对于自己成长成熟的帮助。的确，青春期，是一条不好走的路，挫折与失败时不时地出现。当挫折与失败来临的时候，也并不完全是坏事，它们对于消极的人来说是绊脚石，对于积极的人来说则是踮脚石，失败是成功之母，不经历风雨怎见彩虹？跌倒了，再爬起来，年轻就是资本；失败了，只要不灰心，就能一次次站起来，即使是一路磕磕绊绊，心里也是快乐的，因为努力过就灿烂过！

自信心比什么都重要

淼淼一直爱好音乐，爸爸妈妈虽然不同意淼淼以后以音乐为生，但拗不过儿子，还是答应了淼淼的要求，每周末要么去学钢琴，要么去学小提琴等。但淼淼是个三分钟热度的孩子，兴趣来得快，去得也快，爸爸妈妈从没想过淼淼能学出什么名堂来。

一个周六的晚上，妈妈和爸爸一起去小提琴培训班接淼淼，回家的路上，淼淼说："爸妈，我想参加市里面的小提琴大赛，我们学校都没几个人敢报呢！你们说我可以报名吗？"

"我看你，平时出于兴趣，去学一下那些，我们是不反对的，可是我看你还是别报名的好，肯定没戏……"淼淼爸爸给儿子泼了一头冷水。

"你可别这么说，谁说我们淼淼没戏了，我看淼淼很有音乐天赋。淼淼，你去报名，妈妈相信你一定可以的！"受到妈妈的鼓励后，淼淼顿时精神大振。

从那天后，淼淼把每天的空余时间都拿来练琴，小提琴拉得越来越好。果然，在市里的初中生小提琴大赛上，淼淼不负厚望，取得了第二名的好成绩；而淼淼妈妈也认为自己是最有眼光、最明智的妈妈。

自信心是一种积极的心理品质，是人们开拓进取、向上奋进的动力，是一个人取得成功的重要心理素质。自信心在个人成长和事业成就中具有显著的作用。对于一个处于成长阶段的男孩来说，如果他缺乏自信心，常常表现得胆怯、遇事畏缩不前、害怕困难、不敢尝试，他的认知能力、动手能力、交往能力及运动能力等发展就缓慢；相反，男孩若具有自信心，胆子大，什么事都敢尝试、积极参与，各方面发展就快。

男孩进入青春期后，生活、学习环境的改变，竞争压力

的加大，很容易挫伤其学习、交际的积极性，让他失去信心；同时，来自家庭的因素，比如，男孩从小到大衣来伸手饭来张口，久而久之，男孩便什么也不会干，男孩如不学习动手做事，他的自信心也会渐渐丧失。

初中阶段，也是一个人个性、心理品质形成的重要时期，这时期的男孩是否自信，也影响到他们在未来人生路上是否能勇敢面对各种挑战，决定了将来他们是否能成为充满自信、有坚强毅力和足够勇气的男人。因此，自信这种心理品质在青春期阶段就应着重培养。具体说来，你可以从以下几个方面入手：

1.发现自己的闪光点

俗话说得好：尺有所短，寸有所长。每个人各有所长，各有所短，每个人都有自己的优点与别人不能企及的地方。因此，青春期的男孩们，不要总是盯着自己的缺点、短处和现在，而要学会欣赏自己，多看自己的优点、长处和未来。总之，要想办法让自己自信，自信就能快乐，快乐就能发掘潜能、就能高效。所谓快乐，越快越乐，越乐越快。形成一个良性循环，就不难拥有良好的心态，也就能控制自己不快的情绪。

2.自我鼓励

无论做什么事，自信对于一个人来说，都是极其重要的，这关系到一个人的潜能是否能被挖掘出来。很多的科学研究都证明，人的潜力是很大的，但大多数人并没有有效地

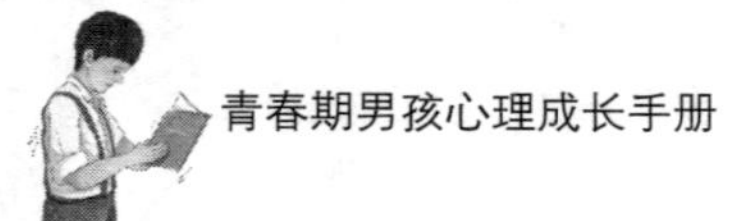

开发这种潜力，假如你有了这种自信力，你就有了一种必胜的信念，而且能使你很快就摆脱失败的阴影。相反，一个人如果失掉了自信，那他就会一事无成，而且很容易陷入永远的自卑之中。

男孩在学校的学习活动中或在家庭生活中，常常会遇到不愉快的事情。可以使用自我命令、自我暗示、自我鼓励的方法控制紧张的情绪反应。比如多看一些名人事迹，注意摘抄一些格言警句等。

3.适度发泄

负性的消极情绪一旦产生，切莫闷在心里。尤其是性格内向的学生，要设法宣泄出来。如找人倾诉、记日记或者运动，也可以大哭一场，总之，不能闷在心里。

4.寻求补偿

补偿是指自己在某一方面有缺陷，选择其他方面的成功来代替。如有的男孩在学习方面受挫，但却在音乐方面有专长，青春期男孩应该善于发现自己的优点和长处，这样，心理不适和挫折感就减轻了，实现了心理平衡。

任何人拥有自信，就拥有了快乐与开心的资本。因为只有自信的人才能在困难与挫折面前不屈不挠；只有自信的人才能发觉自己的内在潜能；只有自信的人才懂得调节自己的情绪，以开心的面孔生活……“自信人生二百年，会当击水三千里。”要想自信，就要多想想自己的优点、长处，多发现、发

掘自己的潜能。

因此，男孩们，只有拥有积极正面的能量，让自己远离自卑，树立自信心，你才能获得快乐、健康成长。

青春期要自信不要自负

蒋亮和小伟在数学这门课上都是尖子生，小伟稍微比蒋亮更拔尖一点，被称为“数学天才”。

一天，教室里静悄悄的，只听见时钟“滴滴”的声音，同学们都屏住呼吸……怎么回事?

原来，数学老师在发数学的月考试卷。“蒋亮，100分！”数学老师喊到。蒋亮?同学们都认为自己的耳朵出了问题，不一直是小伟拿满分吗?

听到老师喊自己的名字，蒋亮趾高气昂地走上去接了试卷；再看看数学天才小伟，也许是改错了题，老师居然在他的试卷上打了个鲜红的“79”！

下课后，蒋亮边得意地向小伟显摆他的分数，边对小伟说：“哈哈！你这个大笨蛋，这次的试卷这么简单，你居然才考79分，还称作数学天才，简直就是数学蠢才，哈哈哈！”

在蒋亮的各种讽刺下，小伟心里想：为什么?为什么我只考了79分?

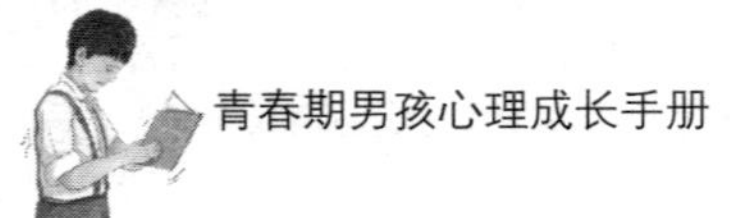

从此，每天放学后，他都到数学老师那补习功课，蒋亮看到后，就想：你这个数学蠢才，再补也补不上我。但小伟像没看见他一样，照样认真地听数学老师讲解题的秘决，而蒋亮则每天都去球场尽情地玩耍。

一次，刚好是星期天，小伟特地来教室写作业，蒋亮却把球踢进教室，还玩得大汗淋淋，并且边玩边对小伟喊：“喂，小伟，你别再做作业了！快点来玩吧，很好玩的！”可小伟正在专心地做着作业，哪听得见呢？过了十几天，小伟的进步突飞猛进。

一个月过去了，又是新一次的月考。小伟沉着冷静地走进了考场，蒋亮也若无其事地跟了上去。“叮铃铃”，考试结束了，小伟自信地走出了考场，而蒋亮走出考场时差点哭了，因为他有大半张试卷不会做，这次他还能指望得100分吗？当然不能，天上哪会有掉馅饼的事呢？考试成绩出来了，这次小伟变成了100分，蒋亮则变成了79分。下课后，小伟对蒋亮说：“学习不能骄傲，一骄傲，成绩肯定会下降。”听了小伟的话，蒋亮惭愧地低下了头。

青春期是一个感性的年纪，这一时期的孩子行为处事不会有太多的考虑。很多男孩取得一点成就就沾沾自喜，这就是自负；而当自己失败的时候，就抬不起头，这都是不正确的。青春期，应该自信而不自负，自信与自负是两个不同的概念。其实它们之间只是一步之遥，太过于自信就成了自负。你要经常

在自己成功或者顺遂的时候告诉自己——不要骄傲，我的成功不是理所当然的，是自己付出努力的回馈，别人没有成功，只是他们付出得不够而已！没有自信，就不能奋进、不能成功；而不从自信中剔除自负，抑或让自负代替了自信，奋进就有累赘，成功了也可能失败。“水唯善下方成海，山不矜高自极天。”青春期的男孩应该以这句话自勉。

男孩们，倘若你有以下表现，那么，你应该反省自己是不是陷入骄傲的泥潭中了：

不屑于与别人交往，心胸变得很狭窄；虽能取得一定的成绩，但往往只满足于眼前取得的成绩，而且看不到别人的成绩。

要克服骄傲自负的心理，男孩们，你需要从以下几点努力：

1.正确认识骄傲

自负这个词，并不是完全贬义的，对于青少年来说，适当的自负其实可以激发努力学习的激情和斗志，坚定自己可以达到目标的信念。但是，自负必须建立在客观现实的基础上，若脱离实际，那么，自负非但不能帮助人们成就事业，反而会影响人们的生活、学习、工作和人际交往，严重的还会影响心理健康。

2.敢于接受批评

骄傲自负者的致命弱点是不愿意改变自己的态度或接受别人的观点，接受批评即是针对这一特点提出的方法。它并不是

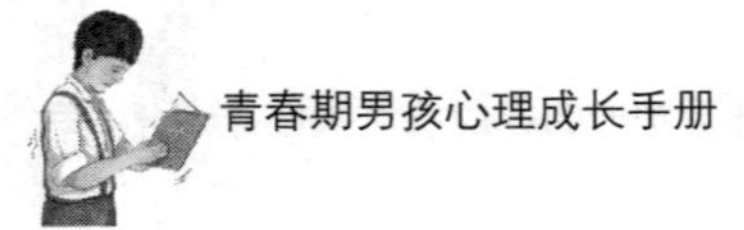

让自负者完全服从于他人，只是要求他们能够接受别人的正确观点，通过接受别人的批评，改变过去固执己见、唯我独尊的形象。

3.与人平等相处

骄傲自负者视自己为上帝， 无论在观念上还是行动上都无理地要求别人服从自己。平等相处就是要求自负者以一个普通社会成员的身份与别人平等交往。

4.提高自我认识

要全面地认识自我，就要采取辩证的态度看待自身，既要看到自己的优点和长处，又要看到自己的缺点和不足，既不可一叶障目，也不能妄自菲薄、觉得自己一无是处。同时，认识自我也不能脱离实际，而应该将自己放在社会中去考察。另外，每个人生活在世上都有自己的独到之处，都有他人所不及的地方，同时又有不如人的地方，与人比较，不能总拿自己的长处与别人的不足比较而把别人看得毫无优点。

5.要以发展的眼光看待自负，既要看到自己的过去，又要看到自己的现在和将来，辉煌的过去可能标志着你过去是个英雄，但它并不代表着现在，更不预示着将来。

要知道，你只有摆脱骄傲，才有机会看清自己、看清别人，从而博采众家之长。事实上，我们每个人都应该客观地认识世界、认识自己。那些自认为自己了不起的人，可能真的有一些他人没有的本事，但大千世界，天外有天、人外有人，我

们都不能太过自满，要知道，你的那点本事在高人面前只不过是一粒尘埃而已。老老实实做人，踏踏实实做事，才是一种可以称道的修养！

意志力就是男孩的成功力

杰克·韦尔奇在全球享有盛名，他被誉为“全球第一CEO”“最受尊敬的CEO”“美国当代最成功、最伟大的企业家”。

每个人的成长过程中总有一些回忆，韦尔奇也有，他曾经这样回忆自己的一段经历：“我是个自信的人，但我也有缺乏自信的时候。我记得那是1953年的秋天，那是我上马萨诸塞大学的第一周，我很想家，我想母亲，我住不惯。我的母亲是个很爱孩子的女人，她从家要开车三个小时才能到我的学校，但她经常不辞劳苦来看我，给我打气。”

面对沮丧的儿子，他的母亲说：“你看看你周围的这些同学，他们也是离家很远，但他们并没有你这么想家，你要努力，要表现得比他们还出色。”尽管韦尔奇当时并不是很出色。

母亲的这番话确实对韦尔奇产生作用了，不到一个星期，韦尔奇就振作了，他信心十足地融入到周围同学中，并且，在第一学期的期末考试中，他的成绩还不错。

对于韦尔奇来说，他母亲的这番话是有力的，因此，他受到了极大的鼓舞。

相信从韦尔奇的故事能给生活中的男孩一些启示：意志薄弱者，最终都会与成功无缘。对于正处于个性、人格形成期的青春期男孩来说，一定要着手锻造自身的意志力。

对于成长中的男孩来说，困难和挫折是一所最好的学校，在这所学校里，男孩能历经磨炼。“艰难困苦，玉汝以成。”没有尝过饥与渴的滋味，就永远体会不到食物和水的甜美，不懂得生活到底是什么滋味；没有经历过困难和挫折，就品味不到成功的喜悦；没有经历过苦难，就永远感受不到什么叫幸福。从这个角度看，青春期的男孩，如果你想成为一个勇敢和坚强的人，你就要学会吃点苦、学会接受点挫折。

1.主动接受一些挫折教育

事实上，挫折总是难免的，人生活在社会上，由于自然因素和社会因素，不可能全是掌声和鲜花、成功和荣誉，更多的是泪水和挫折，如天灾、人祸、疾病、朋友的背信弃义、理想的突然破灭……这些意外，甚至会让我们原本美好的家园一夜之间土崩瓦解。

要知道，对于任何人来说，挫折都是一种珍贵的资源，也是一种人生的财富。古今中外的理论和实践都证明：挫折教育可以增强人的适应能力、磨炼意志、形成自我激励机制，这些

正是男孩成长必不可少的“壮骨剂”。

为此，男孩们，你可以从生活中的小事入手，比如，完成适当的家务，如打扫卫生、洗碗、清理房间等，还应该多参加社会实践，如卖报纸、农村生活体验、参加夏令营、与农村孩子交朋友等形式的活动。

2.设定清晰的目标，才有坚持的动力

关于目标，心理学已经证明了目标和成功之间的关系，这一点也已经被我们自身的经验所反复证明过。一个目标，一个明确的承诺，可以集中我们的注意力，帮助我们找到完成目标。目标可以简单到买到电脑，或复杂到攀登珠穆朗玛峰。心理学家告诉我们，信念是会自我实现的预言，当我们跨上行囊准备出发时，我们已经相信自己可以到达目的地。

同样，青春期男孩锻造青春期意志力，也要从树立目标开始，有了目标，才能正确地定位自己、认清自己。看到自己的价值，然后找准方向，挖掘到自己的内在动力，不断朝着目标奋进，即使遇到挫折，也会因为有目标的鼓励而再坚持一秒。

3.学会权衡利弊

人们常说，坚持就是胜利，我们也常常会用这句话来鼓励那些做事容易放弃的男孩，但事实上，这句话就是绝对的真理吗？如果坚持了错误的方向，那么，只能在这条错误的路上越走越远，因此，坚持还是放弃，是需要权衡利弊的。

锻造坚韧的意志力，并不是盲目坚持，而是应该懂得反思，坚持和审视自己的行为，懂得权衡利弊，只有这样，才是理智的坚持。

总之，我们都知道，每个男孩都将面临未来社会激烈的竞争，都需要勇气，并且有时需要很大的勇气。这个“战场”虽然没有硝烟，但有时候人们面临的恐惧足以摧垮人的意志。因此，每个男孩都必须勇敢，都必须有意志力。而为人父母者，要想锻造这样的男孩，就要在男孩青春期阶段为他“制造”一点挫折，让男孩学会在逆境中保持自信，学会在挫折面前保持乐观、泰然处之；培养男孩的韧劲和抗挫折的能力，以及受挫折后的恢复能力，还有不向挫折低头的精神。

直面恐惧，拥有过硬的心理素质

林伟伟上初中以来，迷上了围棋，也参加了几场比赛，但总是惨败而归，甚至对下围棋都产生了恐惧心理。后来，经过母亲的鼓励，林伟伟才大胆走出了失败的心理阴影。

再谈到这件事时，林太太说：“当我儿子在下围棋时出现了那样的情况以后，我总是有意识地引导：下围棋肯定会有输赢，只要你好好学，什么时候技术超过了别人，你就能战胜对方了。即使你现在还比不上人家，被别人吃掉时，你也要勇敢

些，别哭，你下棋时多用小脑袋想想，是哪里出错了……在一次又一次的心理引导和实践的体验中，孩子的承受力渐渐增强了。现在他也参加了围棋班的学习，考验的机会也多了，孩子对于失败也更坦然了。”

的确，孩子毕竟是孩子，对于青春期男孩来说，面对挫折和失败，难免会产生负面情绪，甚至会变得恐惧。此时，父母的引导很重要，而男孩也应该主动培养自己的调节能力。

的确，“要战胜别人，首先须战胜自己”。这是智者的座右铭。实际上，任何人，面对挫折，最大的敌人不是挫折，而是自己，是内心的恐惧，如果你认为你会失败，那你就已经失败了。说自己不行的人，爱给自己说丧气话，遇到困难和挫折时，他们总是为自己寻找退却的借口，殊不知，这些话正是自己打败自己的最强有力的武器。

然而，现实生活中，很多男孩正是因为处在新时代的优越环境中，才会欠缺战胜困难的勇气。人生中有许多困难并不是什么坏事，因为逆境可以造就英雄。有了这些磨炼，美玉才会更加完美，刃器才会更加锋利。命运多舛并不是什么可怕的事，可怕的是，你无法去克服和跨越它们。

既然困难不能凭空消失，那就勇敢去克服吧！那么，男孩们该怎样克服恐惧、战胜困难呢？

1. 从小为自己树立理想和目标

这个目标，必须适合你的兴趣、爱好。凡事要学会自己

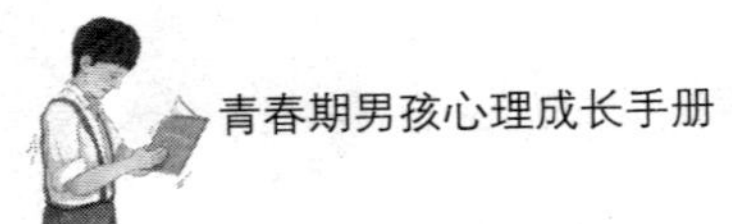

思考，别什么事都去问父母、老师。无论你作出什么决定，相信你都会为之付出努力。久而久之，你就获得了勇气，面对困难，也就勇于去克服，而不是退缩和畏惧。

2.树立信心，勇于尝试

做曾经不敢做的事，本身就是克服恐惧的过程。如果你退缩、不敢尝试，那么，下次你还是不敢，你永远都做不成。只要你下定决心、勇于尝试，那么，这就证明你已经进步了。在不远的将来，即使你会遇到很多困难，你的勇气也一定会帮你获得成功。

3.为自己拟定一份“战书”

向自己不敢做的事“下战书”就是拿过去不敢做的事、曾经畏惧的事情“开刀”，克服自己的心理恐惧，扫除心里的“精神垃圾”，以树立起信心。

也许你还有很多过去不敢做的事，你不妨列个困难清单，逐个向它们下“战书”，只要做到每天有突破、有进步，总有一天你会把所有的“不敢做”都变成“不，敢做”。这时，胆小怯懦的“旧你”就成为自信勇敢的“新你”了，成功就会向你招手。

4.阶段性克服困难

你可以将一个大困难分成几个小困难，然后逐一解决。也许一个大困难不好解决，但一个又一个小困难并不难克服。当你在不经意间克服了许多小困难后，你会发现，一个大困难也

就迎刃而解了。

5.树立信心

欠缺自信的男孩，将终日和恐怖结伴为邻。而越是被恐怖的乌云所笼罩，自我肯定的机会也就越是渺茫。

的确，恐惧的表现之一通常是躲避，而试图逃避只会使得这种恐惧加倍。任何人，只要去做他所恐惧的事，并持续地做下去，直到有获得成功的记录做后盾，他便能克服恐惧。

其实人的一生就是一场冒险，走得最远的人是那些愿意去做、愿意去冒险的人。我们每一个人都要相信自己能成功，要鼓起勇气，尝试第一步，这才是真正的勇者。

因此，男孩们，你若想成为一个真正的男子汉，就必须从现在起培养自己敢于冒险的精神。

拿了第一，内心压力反而更大

小凡14岁了，成绩优异，他的父母一直以他为傲。这不，初二伊始，小凡就报名参加了第三届市校园主持人大赛，经过资格赛、预赛、半决赛和总决赛，小凡从160多名小选手中脱颖而出，获得了“金话筒奖”。在历时近两个月的比赛中，看到儿子从刚开始率性地自我介绍到后来镜头前自如地主持，爸爸妈妈真切地感受到了儿子一路的成长，因而备感欣慰。

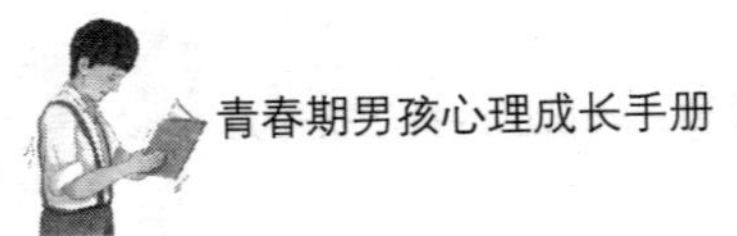

比赛结束这天，妈妈准备了一桌子的饭菜，为儿子成功庆祝。傍晚，儿子从学校回来，所表现出来的并没有他们想象中的高兴，反而是一脸愁容。

“怎么了，拿了第一名应该高兴啊！”

“我知道。可是，这次我拿了第一名，下次我还能拿第一名吗？今天老师已经表态了，以后这种比赛项目我都要参加，我要是拿不到奖项，老师一定会失望，同学们也会笑话我，我也对不起你们。这次参赛，从主持词的撰写到排练节目，从发型的设计到服装的搭配，你们全程陪同的，我参赛时唯一的念头就是拿第一，可是谁能保证下一次呢？”

听到小凡这么说，爸爸若有所思，原来儿子担心的是这个，是啊，一个已经站在成功者位置上的孩子或许更害怕失败吧！

我们不得不承认，很多成绩优异的青春期男孩都有和小凡一样的烦恼，尤其是在获得好名次之后，他们在欣喜之余，往往内心压力更大。其实这是一种输不起的心态。

曾经有篇报道，内容讲的是一个成绩优异的初中男孩离家出走的故事。这个男孩在小学成绩一直名列前茅，其他方面也甚优，他从来就没输过。然而，上了重点中学之后，他在众多的尖子生中很难再独占鳌头。因为输不起，所以他选择了出走。

还有一篇调查报告显示，某市重点高中高考落榜的学生中

有四名服毒自杀，后因抢救及时才获救。

这些中学生为什么自杀？也因为他们输不起，一直优秀的他们心理压力很大：考试成绩不理想，怎么办？我让老师和父母失望了，怎么办？有了这些消极的想法后，他们自然无法以坦然的心态面对学习和生活，不仅影响学习，还影响竞争时的发挥。而当他们失败时，他们便因无法接受而选择自杀。

其实，青春期男孩，你要明白，你努力学习并不是为了名次，而是为了积累知识，哪怕一次名次不好，也不能代表什么，只要肯钻研、爱学习，不管成绩怎样，都是值得赞赏的。

另外，你要明白，进步才能获得更强的竞争力，你要把这种压力化作动力，带着这种求知欲，你的进步会越来越快。

总之，你要明白，积极参与竞争是对的，但是不应该把“第一”当成竞争的唯一目的，而更应该在参与过程中培养良好品质，如遇事冷静、沉着、性格开朗等。这些个性品质比“第一”重要得多。

感谢对手，对手让自己强大

郑太太是一名全职太太，儿子的生活和学习情况，她一直很关心。这天傍晚，老师打电话给她，她的儿子天天这次考了第二名，还不错，与第一名成绩相差很少。郑太太心想，没拿到第一名，天天回来肯定不高兴。

过了一会儿，天天就回家了，告诉郑太太："妈，我这次考得不是很好，还是没超过王丹丹。"

"没事，下次继续努力就是。不过话说回来，儿子，你恨她吗？"郑太太顺便问。

"为什么要恨她呢？"

"因为她是你的对手啊。"

"可是，如果不是她，我怎么知道要努力学习，又怎么能进步呢？"

郑太太不知道再怎么把话接下去，但是，儿子能这么想，她感到十分欣慰。

这里，天天的回答说出了对手对一个人成长的作用。

的确，人类社会，本身就是一个竞争性的社会，知识经济的到来，让人们的竞争意识更为强烈，可以说，我们生活的周围，无时无刻不存在着竞争。其实，也就是因为这些竞争对手的存在，我们才更具奋斗力和活力，才会有危机感，才会有竞争力。所谓"狭路相逢勇者胜"，正是有了他们，才使你认识到自己的不足，才使你认识到要发展自我，才使你认识到社会乃至整个世界都无时无刻不在进步、前行。对手就犹如一面铜镜，能照出你自己的特征，也能激励你去不断学习、不断发展。

可见，对手的存在，并不仅仅是个威胁，在很多时候，它

还是激励你进步的“利器”。青春期的男孩们，如果你也能以这样的心态对待对手，那么，对手就不是你的敌人，而是你的朋友。

那么，男孩们，你该如何与对手相处呢？

1.承认对手的能力，为对手叫好

当我们看到自己取得成功的时候，总是兴奋不已，希望有人为自己鼓掌。而当身边人，包括你的对手取得成功的时候，你该怎样去面对呢？是嫉妒还是欣赏？是大声叫好还是不屑一顾？当平日与你相处得很紧张、很不愉快的人成功时，你若能为他鼓掌，会化解对方对你的不满和成见，改变他对你的态度，他会觉得你慷慨地付出了自己的真诚，从此，他也会给予你支持。人都是这样，死结越拧越紧，活结虽复杂，却容易打开。

2.为对手付出

为自己付出容易，为他人付出难，为自己的对手付出更是难上加难，需要我们有宽宏大量的精神。而这种付出，不仅是包括物质上的，还有精神上的。

当别人处于困境中时，你的一句简单的鼓励，都可能让对方重新站起来。当别人取得成就时，你的一句简单的恭喜，便是最好的礼物。很多人在面对竞争对手的时候采取的是打击的方法，其实，这样做还不如化敌为友、化干戈为玉帛。想把对手变成朋友，就要舍得为他“付出”，对方陷入困境的时候，

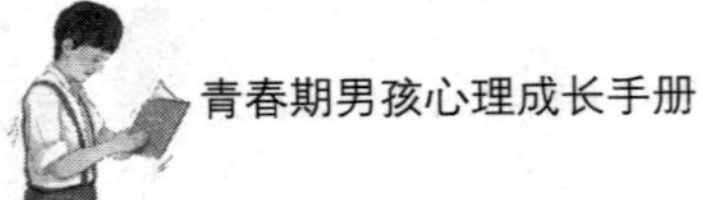

你要保持冷静，不能见机踹他一脚；当你成功的时候，不要在对方面前趾高气扬，要克制自己不流露出得意之色。做到这些就是“付出”，勇敢的“付出”。

第08章

阳光少年，轻松快乐地与人交往

青春期是渴望交朋结友的年纪，相信任何一个青春期男孩都有几个好哥们儿、好朋友，但也有不少男孩在为如何与人交往感到烦恼。实际上，人际交往是一门学问，而青春期正是培养交往能力的重要时期。拥有良好的交往品质是交往的前提，青春期男孩应该把心打开，让自己融入集体，让自己人生的重要时期多姿多彩！

怎样做让同学喜欢自己

青春期是渴望交朋友的年纪，不受同学欢迎、人缘差，这的确是困扰青春期男孩的一个问题。对此，你应该从自身找原因，这样才能有针对性地改变自己。你可以先和好朋友聊聊原因，再自己回想下自己在哪方面做得不够，也可以让他们帮忙问问班里的其他同学为什么不喜欢你。你也可以拿张纸出来，写出你认为班上受欢迎的男孩人缘好的原因，如他的说话方式、内容，再与自己作对比，这样就能找出原因了。

其实，与人交往并不是难事，只要拥有良好的交往品质，这包括：

1.自信

自信是人际交往中一个重要的品质，因为，只有自信，才能将自己成功地推销给别人认识，无数事实证明，这类人更易赢得他人的欢迎。自信的人总是不卑不亢、落落大方、谈吐从容，而决非孤芳自赏、盲目清高。他们对自己的不足有所认识，并善于听从别人的劝告与帮助，勇于改正自己的错误。要

培养自信，就要善于“解剖自己”，发扬优点，改正缺点，在社会实践中磨炼、摔打自己，使自己尽快成熟起来。

2.真诚

“浇树浇根，交友交心”。想要交到真正的知心朋友，就要学会真诚待人，真诚的心能使交往双方心心相印、彼此肝胆相照，真诚的心能使交往者的友谊地久天长。

3.信任

在人际交往中，信任就是要相信他人的真诚，从积极的角度去理解他人的动机和言行，而不是胡乱猜疑，在心里设防护墙，因为信任是相互的，尝试信任别人，你也会获得信任。美国哲学家和诗人爱默生说过：你信任人，人才对你重视。以伟大的风度待人，人才表现出伟大的风度。

4.自制

与人相处，经常可能会因意见不同、误会等原因发生摩擦冲突，而面对摩擦时，学会克制自己的情绪，就能有效地避免争论，化干戈为玉帛。青春期男孩，要想克制自己，就要学会以大局为重，即使是在自己的自尊与利益受到损害时也要如此。但克制并不是无条件的，应有理、有利、有节，如果是为一时苟安，忍气吞声地任凭他人的无端攻击、指责，则是怯懦的表现，而不是正确的交往态度。

5.热情

在人际交往中，热情的人总是不缺朋友，因为别人能始终

感受到他给的温暖。热情能促进人的相互理解，能融化冷漠的心灵。因此，待人热情是沟通人的情感、促进人际交往的重要心理品质。

多参加有意义的聚会

林女士发现儿子小坤一回家就数零花钱，心想着儿子肯定是要买什么东西，便说："小坤，该买的东西妈妈都会给你买的。"

"不是这事，妈妈，最近我们班要办个活动，需要每人交三十块钱。"

"什么活动？"

"其实，也不是什么重要的活动，我都不想去，是班长组织的，说我们马上要升初中三年级了，想办个聚会，可以多交流一下学习心得之类的。"

"这是好事啊，应该去呀。"

"妈妈，你也知道，我就只有一两个死党，所谓的聚会，我猜估计就是在一起吃吃喝喝，哪里真是交流什么心得呀？而且，现在学习这么紧了，这不是浪费时间和金钱以及精力吗？但大家都已经交钱了，我一个人不去，我又怕人家说我。"

“你考虑得的确挺多，但是你想，既然学习很紧张，你可以把这次聚会当成一次放松的机会呀！妈妈觉得你们班的这次聚会还是有意义的，正是因为大家平时各安其事、不相往来，何不趁这次机会，大家重新认识一下彼此，你说呢？”

“妈妈说得对，说不定，我还能交到新朋友呢！”

很多青春期的男孩忙于繁忙的功课和三点一线式的生活，每天的生活紧张又千篇一律，慢慢地，和同学疏远了，和朋友疏远了，生活也是枯燥无味。因此，一些有意义的聚会，青春期男孩可以多参加。它的好处有：

参加此类聚会最重要的益处就是能锻炼一个人的交际能力。另外，参加一些有意义的聚会，如同学聚会，还能联络同学之间的感情，拉近和同学之间的距离，让你更受同学的欢迎。

再者，参加聚会也是适当调节学习压力和吐露心事的一个重要方法，毕竟同龄人之间有着太多的相似点，面对每天同样紧张枯燥的学习生活，大家更容易引起共鸣，相互之间的交流能减轻生活和学习的压力，彼此之间的鼓励也会让你鼓起勇气和信心，继续努力学习！

因此，参加有意义的聚会是有益处的，当然，这个前提是参加有由意义的聚会。那么，通常情况下，哪些聚会是没有意义甚至是有害的呢？

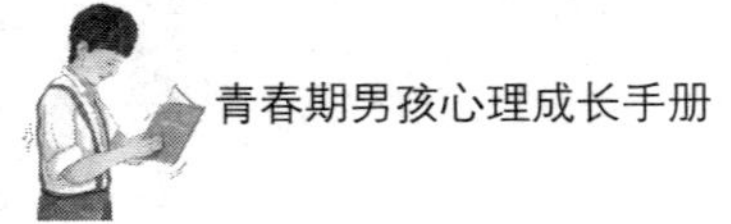

1.网友之间的聚会

随着网络的盛行，一些男孩开始广泛地结交网友，但是，与网友一起聚会是很危险的，青春期男孩对待网络朋友一定要慎重，更不可单独与网络朋友聚会。

2.以奢侈消费为前提的聚会

现代校园中，攀比之风盛行，一些男孩，三天两头聚在一起，谈论一些不适宜未成年人的话题，实际上，这些聚会也是无意义甚至是有害身心健康的。其次，以这种方式交往的朋友充其量也只是酒肉朋友，不是真正的益友。

3.与社会不良人士之间的聚会

事实上，我们发现，社会上有一些黑社会帮派，总是喜欢把魔爪伸进学校，因为学生相对单纯，更容易为其所用，而他们惯用的伎俩就是用物质诱惑学生，还打着所谓的交朋友的旗号。这样的聚会，你一定不要参加，一旦落入圈套，后果不堪设想。

因此，青春期男孩可以多参加一些有益于身心发展的聚会，要避开那些无意义的活动，让自己远离危险禁区！

拒绝自私，分享才有快乐

初一的时候，天天就喜欢上了电脑，平时一有时间，他就

开始“钻研”这个，但他的父母明文规定，不许天天玩电脑，放学后必须做多少作业和练习，这让天天很不高兴。于是，放学后，他尽量不回家，或去同学家或去网吧。不过说也奇怪，天天在这方面确实很有天赋，在那年市青少年科技创新大赛上，天天居然获奖了，这让他的父母吃了一惊，并重新认识了孩子“玩电脑”这一情况。而此时的天天却不领情了，他用自己的奖金买了电脑，从此一放学就把自己关在房间里。有时候，父亲为了“讨好”他，主动向他请教电脑方面的知识，他也不理睬。

有一次，父亲听老师说天天自己建了一个网站，便想看看儿子的成果。这天，他看见儿子的房门没关，电脑也开着，就打开看看，结果他却听到儿子在身后吼了一声：“谁让你动我的东西？”因为自己理亏，父亲也没说什么，不过，从那以后，天天的房门上就多了一把锁。

这里，我们暂且不讨论天天为什么不愿意与父母分享。从青春期男孩自身角度考虑，无论与谁打交道，要想活得快乐，就要懂得分享。

分享，是指将自己喜爱的物品、美好的情感体验及劳动成果与他人共享的过程。“分享”意味着宽容的心，意味着协同能力、交往技巧与合作精神，这些都是一个男孩应具备的重要素质。人生在世，我们每个人都需要和别人分享。分享快乐，分享痛苦，在对自己有好处的同时，对别人也有好处，就是人

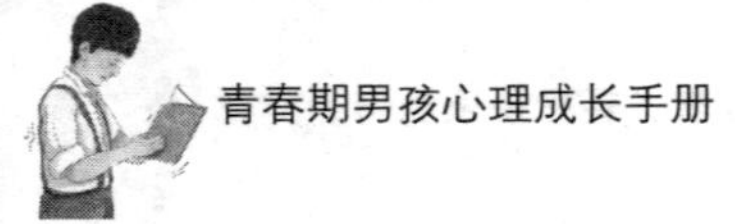

们常说的“双赢”。

实际上，由于家庭教育的缺失，尤其是父母的溺爱，让很多青少年阶段的男孩变得自私自利，不愿意与人分享，这对男孩成为一个合格的社会人是极为不利的。在现实生活中，自私、不愿意与人分享的孩子并不少见。这虽然不是什么大毛病，但是，一个什么都不愿与他人分享、独占意识很强的人，是很难与他人形成良好的人际关系的。所以，从男子自身角度讲，从小克服自私的性格缺点、培养与他人分享的意识很重要。

男孩，要培养自己的分享意识，你需要努力做到：

1.找到自己不愿与人分享的原因

一般来说，青春期的孩子不愿意与人分享，原因有三：一是现在的孩子都是独生子女，在家庭生活中，没有需要他们伸手帮助别人的这种氛围；二是他们缺少替别人着想的意识；三是他们受教育的程度还不够，使得他们还不能够真正从思想上认识到自己身边还有他人，应该多替他人着想。找到原因，才能在日常生活中对症下药，加以解决。

2.从分享物质开始

可以分享糖果、糕点、图书等物品，还可以在自己生日时邀请朋友一起来分享生日蛋糕，从而学会分享、体验分享的快乐。

3.分享快乐

别人感到高兴的事，你也可以一起高兴，从而产生一种分享带来的快乐和满足感。

和好朋友发生冲突了，怎么解决

飞飞、阿立和凡凡是最好的朋友，但偶尔也会闹一些小矛盾，尤其是凡凡和阿立之间。凡凡是一个内向的男孩子，而阿立大大咧咧、口无遮拦，有时候，因为一件小事，两人就会展开“战争”。

一天，大清早的，飞飞还在睡觉，阿立气呼呼地跑来，对飞飞说：“凡凡怎么能这样，我怎么交了这样的朋友？”

“怎么了，发生什么事情让你发这么大的脾气？”

“昨天原本准备让你陪我去买周杰伦唱片的，你不是有事嘛。后来，我就打电话给他，他在卫生间，电话是他妈妈接的，他说好一会就出门的，结果我在他家楼下等了半天，也没看见他出来。于是，我就去他家找他，他却在家看电视，我问他为什么耍我，他说他根本不知道我找他的事。我一生气，就骂了他，结果他却打电话给他妈妈。你说，他这人怎么这样？”

很明显，这两个男孩之间的冲突源自一个小误会，只要找

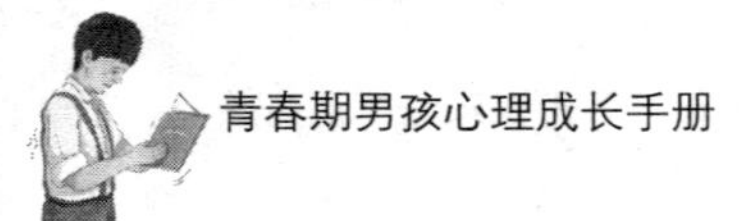

机会沟通，就能解释清楚。的确，男孩到了青春期，很渴望交朋友，但如果和朋友发生冲突，又该如何解决呢？你可以这样做：

1.要反省自己

如果你的朋友中有个别人对你有意见，可能是对方的问题；但如果你在人群中被孤立或者被众人排挤，估计就是你的问题了。此时，你要做的就是反省自己，看看自己哪里不对，你应想一下，你是不是太以自我为中心了——凡事很少为别人着想，自己想怎样就怎样，或对朋友不怎么关心等。

2.控制自己的情绪

“血气方刚”是年轻人的专利，但情绪失控往往会造成很多悲剧。当你被激怒时，或者当你觉得自己血往上涌、只想拍桌子的时候，千万要转移注意力，或者数数，或者离开那个环境。当你学会控制情绪时，你就长大了。

3.要学会大度、宽容

朋友之间，难免个性不同、生活习惯不同，要学会彼此尊重和包容。人都是重情谊的，你帮他，他也会帮你，互相帮助中，友谊更加深厚。在深厚友谊的基础上，彼此给对方提一些意见是很容易接受的。只要不是什么原则上的大错误，就不要斤斤计较，要多包容。

4.要正确看待每个人的长处和不足

人无完人，金无足赤。如果你发现你的朋友在外面彬彬有

礼，而跟你在一起有点粗鲁，可能说明他真的把你当朋友。不能因为谁有某种不足就讨厌他，只要这个缺点不是品质上的，不是道德问题。大家能够走到一起，本身就是一种缘。

5.帮助别人和关心别人

经常帮助别人的人，自己也会得到别人的帮助。比如，同学肚子疼了，给他灌一个热水袋，倒点热水；同学哭了，送她一块纸巾，拍拍她的肩膀，不用说话就能把关心传递过去……这都会让你和好朋友的感情升温。

青春期的男孩们，与别人相处是一种能力，需要不断纠正自己才能得到提高。现在不会和朋友相处不要紧，但要去学，你可以观察周围的同学，从中吸取精华，或者多看一些有关修养方面的书籍。

男孩以礼待人，获得好感

陈先生的儿子小凯已经15岁，是个很懂事的男孩，每次别人提到他儿子，陈先生都由衷地感到欣慰。

这天，在小区凉亭，他听到邻居和孩子之间的对话。

“刚才你看见刘伯伯为什么不打招呼呢?”妈妈问儿子。

“不是每天都见到吗？有什么可打招呼的？”儿子反驳道。

“这是礼节问题，要做一个绅士，就要凡事从礼出发。知

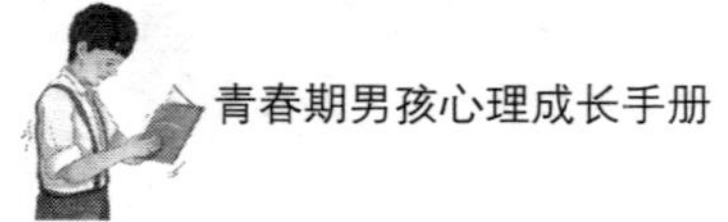

道吗？”

“知道了……”

听到这里，陈先生笑了笑，看来自己的儿子确实是个绅士。

的确，谦恭礼让，是中华民族的传统美德，也是中国几千年留下来的道德风尚。谦恭礼让，是一种和谐处世的礼仪，更是一门沟通的艺术，它的情感基础是真诚与信义，体现的是一个人的修养与素质，因此它不同于人们所说的溜须拍马，因为它建立的基础是真诚。

一个谦恭的男士会有一种别样的气质，因此，青春期男孩要把谦恭礼让当成自己必修的道德礼仪课。修炼这一礼仪规范，不仅需要外在行为习惯的养成，更需要内在道德理念的修炼和积淀。具体来讲，应把握以下五个修炼重点：

1.从“爱”出发。这个世界，因为有爱才更美好，一个人，如果不懂得爱身边的人，那么，他的人格是不健全的。“仁者，爱人”，青春期的男孩，要爱父母、爱老师、爱朋友、爱家庭、爱学校、爱国家，不存在爱，就不存在谦恭礼让。

2.敬人，人恒敬之。只有先尊敬别人，才会赢得别人的尊重，尊重是相互的。青春期男孩不仅要对同龄人尊敬，更要敬长辈、敬师长，“敬”是待人处世的基本态度。

比如，男孩可以做到：早上走进校门，对早到的老师点头致意，喊一声“老师早”；在校园里行走碰见不认识的老师时候，也不忘笑着叫一声“老师好”；当你有问题请教同学或者

老师的时候，不要忘记说“谢谢了”；当你和老师在狭窄的楼道中遇到时，正是“狭路相逢”的时候，要记得让老师先走；老师生病了，课间要关切地问候一下……

3.要有礼让的风貌。孔融让梨的故事，每个男孩都知道，可是，在现实生活中，真正做到这一点的，实在不多。谦让、礼让是美德之本、礼仪的精髓。对此，男孩要始终保持自己礼让的风貌“与人方便自己方便，退让一步海阔天空；荣誉金钱乃身外之物，见利思义……

4.以人际关系的和谐为最终目标。青春期的男孩在社会交际中待人接物时，要“礼之用，和为贵”。这样，人际关系自然也就和谐了。

5.切实履行谦恭礼让，把一切落实在行动上。把握“仁爱、恭敬、礼让、区别、和谐”这五方面修炼要点是重要的，但更重要的是落实具体行动。

总之，青春期男孩，你应该自觉加强实践、主动修炼，使自己成为谦恭礼让、彬彬有礼的人。谦恭、遵守礼仪当是自己对自己的要求，也是父母对你的期望，更是整个社会赋予你们的责任，秉持谦恭礼让的风貌，才能传承中华文明，登上时代的舞台。

尊重每个不起眼的人

李先生的儿子叫晓畅，15岁，是个很懂事的男孩。

李先生可以说是功成名就，从刚开始的农民到现在的企业老总，他花了不到十年的时间。如今的他事业成功、家庭美满，儿子乖巧听话。但他没有忘本，家乡的人来看望他，他再忙，也会抽时间接待；找他帮忙，他一定义不容辞。

这天，又有一个远房亲戚来家里找他，当时正好是儿子晓畅在家。晓畅看到对方衣着破旧，心里有点不乐意，就给爸爸打电话，李先生告诉晓畅："乖孩子，爸爸在忙，帮爸爸接待下，我一会儿就回去。"按照爸爸的吩咐，晓畅给对方端茶倒水、切水果，十分热情。

晚上，晓畅问爸爸："他那么穷，为什么还要理他？"

"儿子，你要明白，他是爸爸家乡的人，也就是我的亲人。我虽然现在生活好了，但从前和他们一样，人不能忘本。还有，任何时候，都不要看不起任何人，也不要戴有色眼镜看人，因为谁也不知道以后会发生什么，那些成功者刚开始的时候不都是不起眼吗？你能明白爸爸的意思吗？"

"我懂了，尊重任何一个人嘛……"晓畅边说边点头。

案例中，李先生的话很有道理。对待任何人，都要一视同仁，不可看不起他人。同样，处于人格形成期的男孩们，也要学会抱着正确的心态与人相处。然而，我们也发现，在我

们生活的周围，一些男孩，从小被父母灌输“与有钱人打交道”“人穷志短”的观点，结果导致他们学会了区别对待他人。你要明白的是，任何一个趋炎附势的人都是令人讨厌的。那些讨人喜欢的男人，无论何时，都懂得尊重他人，兼顾所有人的感受，能让所有人都乐意帮助他们。这样的人，还怕得不到大家的支持吗？你想成为这样的人吗？

为此，青春期的男孩们，你需要做到：

1.不要曲意逢迎那些位高权重的人

比如，爸爸妈妈的老板、领导或者其他位高权重的人到访，你应该尊敬他们，但不要献殷勤，即便以后你进入社会也要如此，否则只会招来其他人的反感。

2.不要冷落那些不起眼的人

男孩们，在你的生活中，大概充斥的都是那些不起眼的人，比如，买早点时小摊上的老板娘、倒垃圾时看到的环卫工人、出小区门口时看到的保安等，这些人都是值得被尊重的。他们的工作看起来不起眼，他们没权没势，但是，若没有他们，我们的生活就无法进行。

3.凡事从礼出发，把握分寸

不管与什么样的人打交道，都要从礼出发，礼多人不怪，这样就能做到一碗水端平，不会失之于偏颇。

男孩们，以上就是与那些不起眼的人打交道时应该注意的问题，能做到这些的话，相信你就能处理好各方面的关系，不

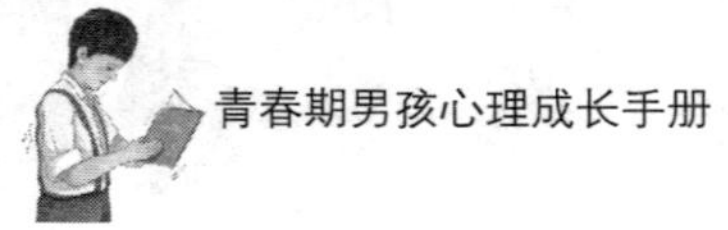

会有厚此薄彼之嫌！

学会合作，获得双赢

最近，在学校组织的团体计算机竞赛中，亮亮和小江一组获得了冠军。在全校表彰大会上，亮亮说：“今天我能站在这个领奖台上，除了要感谢老师和家长的帮助外，最应该感谢的就是我的盟友，我的兄弟，万小江，如果没有他对我的支持和彼此完美的合作，我想我们是无缘拿到冠军的。因此，最高兴的是，通过这次竞赛，我看到了合作的重要性。”

一段话结束后，台下响起了热烈的掌声。

案例中，亮亮的一番话很有道理。现今社会中，单打独斗的个人英雄主义已经行不通了，任何一项任务的完成，任何一个产品的制作，都要分为好几个步骤和工序，由好几个人来共同完成。

俗语说：单丝不成线，独木不成林。叔本华说：单个的人是软弱无力的，就像漂流的鲁宾逊一样，只有同别人在一起，他才能完成许多事业。从小我们就高喊：团结就是力量，合作就是力量。

当今社会，分工越来越细，任何人，都不可能单打独斗

取得胜利。男孩们，可能你也能感受到，无论是学习还是参加活动，都需要好几个人来共同完成一件任务，你再聪明、能力再强，也只有一双手、一个大脑，你不能单独取得胜利，只有得到他人的帮助，与他人合作，才能获得更大的成功的机会。然而，怎样与人合作又是一门学问，与人为善、以诚待人，才能巩固你的人际关系；学会团结他人，你手中的力量才会更强大。任何一个男孩，只有现阶段学会与人合作，日后才会有所成就。

因此，还在青春期的男孩们，也应该明白合作的重要性并在日常生活中着力培养自己与人合作的能力，只有这样，才能在未来社会真正实现与他人的共赢。

那么，男孩们，你该如何培养自己与他人合作的能力呢？

1.多参加集体活动

这种活动可以是游戏，也可以是竞技类的比赛，多参加此类活动，一方面可以学会欣赏别人，和同伴友好相处、共同合作；另一方面，在与同伴的交流中，也能学会如何克服困难、解决问题。

2.分享合作成功带来的喜悦

无论你在集体活动中充当什么样的角色，你都要学会分享集体的成功，如果团队的每个成员都能做到这样，那么，整个团队的向心力也会在无形中加强。

3.与其他成员加强沟通

这样，就能创造出和谐的工作环境，成员彼此之间便会乐于互相帮助，反映出团结、忠诚。同时，沟通可以让成员公开坦诚地找出冲突的原因，解决内部的冲突。

总之，每个青春期男孩都要认识到与人合作的重要性，并学会与人相处的技巧、培养自己与人合作的能力。

谨慎选择，交好友益友

王太太发现自己的儿子小凯很高兴，问他什么事，原来是小凯交了一些朋友。小凯告诉妈妈，他认识的这帮哥们儿人都很好，经常请自己吃饭，还带自己去玩。王太太心里便有点担忧，怕儿子交了不良朋友。

果然，不到半个月，小凯就告诉妈妈："原来他们并不是什么好人，那天，他们说要带我去玩，我们去了台球室，我亲眼看见他们勒索别人。我现在怎么办？他们肯定还会再来找我的。"

王太太对儿子说："别担心，以后回家的路上就和其他男同学一起，人多，他们不敢怎么样。另外，妈妈要告诉你，你这种交朋友的原则是不对的，这些社会不良青年就是要对你们这些单纯的青少年下手，他们用的往往都是同一种伎俩。朋友

贵在交心，而不是物质上的，你明白吗？真正的朋友是帮助你成长成才的。”

听完妈妈的话，小凯似乎不太明白，于是，针对择友标准，王太太为儿子好好上了一课。

青春期是每个男孩的人格发展和形成期，这期间，交什么朋友，与什么样的人交往，会对男孩的一生形成影响，不但影响着自己的言行、穿着打扮、处世方式、兴趣趣味，还影响着男孩自身的价值观、对自我的认识。

交友应该是有所选择的，而且要从善而择，和好人交朋友，自己才能提高、完善。所谓“与善人居，如入芝兰之室，久而不闻其香”，长期与一个人在一起，自然会受到潜移默化的影响。那么，青春期的男孩们应该选择什么样的人做朋友呢？

1.拓宽自己的交友面

青春期的男孩要学会广交朋友以完善自己，扩大自己的交友圈子，接纳不同类型的朋友，多层次、全方位的朋友对自己的发展无疑是有益的，当然，应该把那种见利忘义、损人利己的“小人”排除在外。另外，要有宽阔的胸怀，对于你的朋友的过错，也要尽量包容，毕竟“人非圣贤，孰能无过”。同时，如果有一两个敢于直陈己过、当面批评自己过失的诤友，那你应该庆幸，这是真正的朋友。

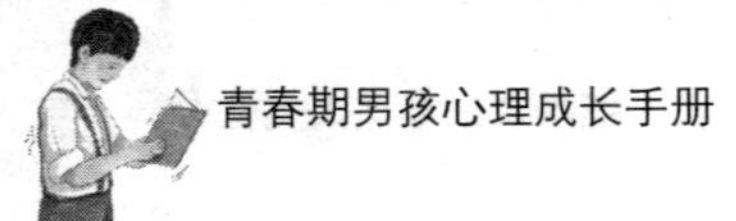

2.善于观察，交益友

古语云：近朱者赤，近墨者黑。是否能交到益友，关系到自己的一生。交友时，你要注意，朋友要广，但不能滥交，要恪守“日久见人心”的古训，通过与对方多次交往与活动，通过观察对方的言谈与举止，洞悉对方的个性、爱好、品质，觉察他的情绪变化，从而判断他是否值得深交。

3.与不良朋友划清界限

青春期是个缺乏社会经验、缺少分辨是非能力的年龄，男孩在交友上一定要慎重，要与有道德、有思想、有抱负的人做朋友，要与遵纪守法、正直、善良的人做朋友，要与学习认真、兴趣广泛的人做朋友，而对于那些不良朋友，一定要划清界限。

因此，青春期男孩在与人交往的过程中，要多交益友，并懂得学习朋友身上的长处、避其短处，这样，你们的人格、性格、能力等很多方面都会更趋于完善！

换位思考，跨越和家长的代沟

有一天，姚女士在帮儿子打扫房间的时候，看到儿子在初一时写的一篇作文，题目为——《我唠叨的妈妈》，内容是这样的：

“以前妈妈在我眼里好烦。我不是挑她的毛病，就是厌烦她的唠叨，不过妈妈从不骂我。记得小学五年级的期末考试的前一个星期，妈妈一直耐心地帮我复习课文内容。可我厌倦妈妈的多管闲事……她经常在晚上教育我，还说一定得听她的，我不听也得听。她给我灌输学习、做人方面有关的知识，比如，告诉我不要偷窃，上课积极回答问题……给我精神上带来了巨大的压力，这下子，我真的感觉妈妈更烦了。

“妈妈天天晚上像个老师一样，不是叮嘱我晚上不要踢被子，就是叫我在学习上多努力，或是警惕我在学习上怎么样、有退步了没有……‘妈妈简直烦死了！’我常暗自叹道。

“但现在我长大了，懂事了。我时时会想起妈妈以前对我说的话，我知道妈妈的唠叨是一种爱，这爱使我改正了以前的缺点，得到了同学们的赞赏，得到了老师的表扬，为我的前途打开了一条理想的道路……我为有这样一个妈妈而感到自豪。妈妈，我爱你！”

看完这些，姚女士的眼睛湿润了，儿子真的懂事了。

每个青春期的男孩身体里都流淌着叛逆的血，都觉得和父母之间有代沟。父母总是在耳边说个没完没了的，一会儿对自己的穿着指指点点，一会儿不让自己看电视，一会儿让自己不要和什么人交朋友，甚至细化到吃什么对身体好。虽然父母是在关心他们，但是在孩子看来，有的时候真觉得这样很烦。

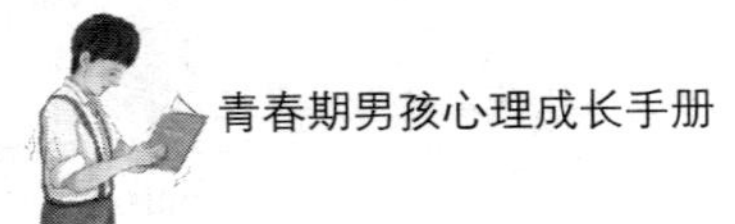

也有的男孩会顶撞父母，甚至跟父母争吵起来，他们总是打着“需要理解”的大旗为自己争取更多的自由空间，希望父母可以少说一点，给自己片刻的安静。

但作为儿子的你是否从父母的角度想过：他们无论对你说了什么、做了什么，都是出于对孩子的关心，都是希望你在学习和生活中多作正确的决定、少走一些弯路，都是为了你能健康成长，毕竟他们是你的父母。对于他们的管教，作为子女的你也应该理解，而不是反感，和父母争吵、顶撞父母更是不成熟的做法。一个成熟的人，至少懂得尊重、理解周围的人。

因此，不妨细心想想父母的话，如果他们的话是正确的，你就应该听取，毕竟父母是过来人，很多事情比你有经验，看问题的眼光也比你长远。而如果他们的话是不正确或者是片面的观点，你可以采取一个正确的、适当的方式和父母进行沟通。

所以，青春期的男孩应该记住：父母做什么，都是为了子女好，可怜天下父母心，你要理解，并努力证明自己，让父母放心，你的努力与父母的期望是一致的，你今天的努力是为自己走进社会积累知识资本。

交流想法，把老师当成你的第二个家长

某学校高三（3）班的物理老师是位有30多年教龄的老教师，已经当祖母了。她是20世纪60年代师范专科学校毕业的，教了一辈子物理课。她很擅长处理和学生的关系。

这天放学后，有个男孩来找她，对她说："张老师，我有个烦恼，想跟您谈谈，我知道现在应该是为高考奋战的阶段，但是我莫名其妙地喜欢上了一个女孩，我的脑袋里每天都是她，根本无法学习。我想向她表白可以吗？她会答应我吗？"

其实，张老师何尝不知道男孩喜欢的女孩是谁，她对这男孩说："在老师看来，她考一个重点大学不是问题，如果你现在跟她告白，会不会影响她学习呢？这是真的喜欢吗？"

"这……那……那我怎么办？"

"这样吧，老师帮你探探她的口风，看看她想进哪所大学，你也努力好吗？争取跟她考同一所大学，等你们都进大学了，再对她说出来，不是更好吗？"

"张老师，你说得对，谢谢您，我知道该怎么做了……"

青春期的男孩们，在遇到难题时，你会像故事中的男孩那样向老师倾诉吗？生活中，一些男孩与老师的相处方式是对抗。其实，不管老师做什么，他的出发点都是为了你好，希望你能成人成才，老师是你的第二个家长，对于老师，你要理解和沟通，这样才能与老师建立良好的关系。那么，青春期男孩

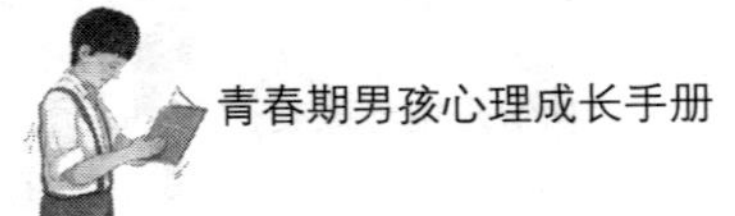

该怎样与老师交往、怎么和老师搞好关系呢?

1.尊重老师，尊重老师的劳动

青春期男孩，不管老师怎样严格要求你，你都要理解老师、尊敬老师，见到老师礼貌地打声招呼。另外，用实际行动尊重老师的劳动：上课认真听讲，不破坏纪律，把老师留的作业保质保量地完成。尊敬老师，尊重老师的劳动，是师生和谐相处的基本前提。

2.勤学好问，虚心求教

要向老师虚心求教，好问不仅直接使学习受益，还会增多、加深和老师的交流，无形中就缩短了与老师的距离，每个老师都喜欢肯动脑筋的学生。其实，向老师请教问题往往是师生间交往的第一步。除班主任外，任课老师并没有多少时间和学生直接交往，常向老师请教学习上的问题会加深师生彼此的了解和感情。

3.犯了错误要勇于承认、及时改正

人无完人，青春期的男孩都会犯错，而老师一般都能理解，所以错了就是错了，主动向老师承认，改正就是好学生。老师不会因为谁有一次没有完成作业、有一次违反了纪律就认为他是坏学生，就对他有成见。大部分老师是会全面、客观地评价学生的。

4.正确对待老师的过失，委婉地向老师提意见

老师也不是完美的，如果老师犯了错、冤枉了你，不要当

面和老师顶撞，这样不但无助于问题的解决，还会恶化师生的关系。暂且忍一忍，等大家都心平气和再说。不管怎么说，老师是长者，做学生的应该把他们置于长者的位置，照顾老师的自尊心和面子。

男孩们，你要把老师当成你的第二个家长，要尊敬、爱戴你的老师，和老师搞好关系，因为与老师关系融洽既可以促进学习，又可以学到很多做人的道理，会使你一生受益无穷！

倾听是对别人最好的尊敬

小建是个很懂事、明理的男孩，他的人际关系一直很好，他的好朋友和同学若有了烦心事，都会找他倾诉。

这天，表哥又和姑妈吵架了，于是来找他诉苦："我已经是个大人了，她却像管孩子一样管着我，吃什么、穿什么都管，不许这个、不许那个，我交朋友也管，我真的快窒息了……"

等表哥说完后，小建问："当姑妈说话的时候，你有没有耐心地听呢？我想姑妈只是更年期到了，需要倾诉，而你什么都不听。倾听是与人交往最起码的尊重吧……"

这里，小建说的话很对，倾听是获得良好人际关系的前提。

青春期是一个渴望被理解和被倾听的年纪，尤其是"血气

方刚”的男孩，更是如此，但事实上，理解是互相的，男孩要想得到别人的尊重和理解，就必须学会倾听，做一个优秀的倾听者，用耳听内容，更用心“听”情感。为此，男孩们，你需要掌握几点倾听的技巧：

1.要有耐心

认真倾听别人的倾诉需要耐心。或许对方阐述的并不是什么紧要的事情，只是因为对方把你当成可以倾诉的对象才为之，此时的倾听体现的是你谦逊的教养，能展现你的素质。任意打断别人的谈话，既表现出你对别人不尊重，也暴露出你的素养粗野与品位低下。在倾听那些狂妄之徒的恶语废言时，你也得有耐心，因为那是你认清妄自尊大者的难得机会。

2.要表示出诚意

真正的倾听并非只带着一双耳朵，而是需要用心听的。也就是说，如果你真的没有时间和精力，你可以客气地向对方提出来，这比你勉强去听或装着去听而必然会表现出来的开小差给人的感觉要好得多。听就要真心真意地听，这对我们自己和对他人都是很有好处的，安排好自己的时间去听他人谈话是一件很值得的事情。

3.要避免不良习惯

开小差，随意打断别人的谈话，或借机把谈话主题引到自己的事情上，一心二用，任意地加入自己的观点作出评论和表

态等，都是很不尊重对方的表现，比不听别人谈话产生的后果更加恶劣，一定要避免。

4.适时进行鼓励和表示理解

谈话者往往都希望自己的经历受到理解和支持，因此，在谈话中加入一些简短的语言，如“对的”“是这样”“你说得对”等或点头微笑表示理解，都能鼓励谈话者继续说下去，并引起共鸣。当然，仍然要以安全聆听为主，要面向说话者，用眼睛与谈话人的眼睛作沟通，或者用手势来理解谈话者的身体辅助语言。

5.适时作出反馈

一个阶段后准确地作出反馈，能激励谈话人继续进行，对他有极大的鼓舞。例如，希望其重复刚才的意见，因为没有听懂或为了突出重点表达，如“你刚才的意思或理解是……”但不准确的反馈则不利于谈话，因此要把握好。

总之，亲爱的孩子，学会倾听是你人生的必修课；学会倾听，你才能去伪存真；学会倾听，你才能给人留下虚怀若谷的印象；学会倾听，有益的知识将盛满你的智慧储藏室。“听君一席话，胜读十年书”，是对智慧的谈吐者与虚心倾听者的高度赞誉。学会倾听，是人生的必修课！

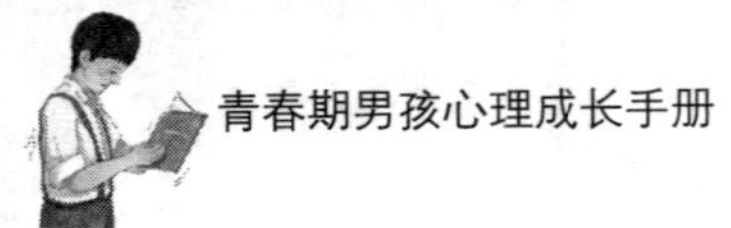

换位思考，多为别人着想

在初二（3）班，发生了一件事：

王晓和李逵是同桌，两人平时关系不错，但也不知道为什么，这天，两人心情都不好。

上课的时候，李逵的胳膊不小心碰到了王晓，王晓轻轻地对李逵说："你道歉。"

"你真小气。"李逵回了一句。

"你说谁小气？"

"说的就是你。"

……

就这样，两人吵起来了，最后声音大得全班同学都听得到，还差点大打出手。

青春期的孩子情绪不稳定，很容易因为一些小事而动怒，案例中的王晓和李逵就是如此，而假如他们能从对方的角度考虑，这场"战争"完全不会发生。

青春期是一个过渡期，青春期的男孩们开始和成人一样，除了和老师、家长打交道外，需要有自己的人际关系圈，但在交往的时候，很容易与对方产生矛盾，这成为青春期男孩心中挥之不去的心事。其实，无论和谁，发生了什么样的事情，只要你们学会换位思考，即多为彼此着想，就能互相理解。这是人与人和谐相处的基础。只有学会换位思考，

才能站在他人的立场上，客观地看待整体事件，而非主观地陈述个人的一面之词。多为他人考虑，理解他人，你心中的不快很快就能消除。

从青春期男孩的生活范围看，男孩一般会被这三种关系困扰：

1.师生之间需要换位思考

师生之间，换位思考尤为重要。作为学生的你，不妨从老师的角度想想看，每个老师都希望自己的学生取得良好的成绩、能有一个美好的未来。老师所做的一切的出发点，都是为了学生好，可能在实现这一意愿的时候方法上会有所欠缺，但老师也是人，也有情绪，如果你只一味坚持自己的观点，认为师生关系恶化的责任多在于对方，那么，这样的“比赛”是不可能分出胜负的。你只有想对方所想、思对方所思，才能与对方相处得更为融洽，真正成为朋友。

2.理解你的父母

青春期的男孩，总是希望父母理解自己，但你们在要求“理解万岁”的时候，有没有想到，父母也是需要理解的。理解永远都是双向的，别一味让父母理解你，别一味地怪罪父母忽略了你的情绪和感情，这是不公平的。不错，你希望别人能认同、理解你，但父母也需要理解，工作的辛苦、生活的压力已经不允许他们和你一样激情高昂，他们也曾年轻过，他们身上有更多的责任，你理解过他们吗？

事实上，父母不管做什么，都是为了下一代好，生活、社会经验丰富的父母往往看得比你远，多听听父母的劝告，对你的成长很有帮助。但很多时候，父母也有不对的地方，这时候，你不妨先放低姿态，然后和父母好好交谈，表示你自己理解他们的一片苦心，在他们认同后，再心平气和地把自己的想法说出来。

3.朋友、同学也需要理解

青春期的男孩们，谁没有几个铁哥们儿？几个好朋友成天腻在一起，矛盾的产生也就在所难免。但是青春期的那股倔劲儿，会让男孩被友谊所伤。事实上，你的朋友也需要理解，你需要尊重他人的意见，多从他的角度想想，他为什么会这么做，要是换了你呢？你们之间是不是有什么误会？你不妨给他一个机会解释，也不妨主动示好，别把心事放在心里，其实并没什么大不了的事。

第09章

珍惜亲情：亲人是你永远的后盾

生活中，人们常说，血浓于水，这就是亲情。的确，男孩们，从你呱呱落地的那一刻起，你的生命就倾注了父母无尽的爱与祝福，父母为你撑起了一片爱的天空，或许，父母不能给你奢华的生活，但是，他们给予了你一个人一生中不可替代的东西——生命！生活中的你，真的能体会父母的良苦用心吗？从现在起，无论出于为人子女的本分，还是从自己的实际生活和承受能力考虑，学会感恩吧，哪怕只是一句“谢谢”，父母也会倍感欣慰。

男孩，妈妈唠叨是因为爱你

但丁说："世界上有一种最美丽的声音，那便是母亲的呼唤。"女人是脆弱的，而母亲却是坚强的，没有无私的、自我牺牲的母爱的抚育，孩子的心灵将是一片荒漠。相对于父亲来说，母亲的爱更细腻，她们会把所有对孩子的爱都放到语言和行动上，会关注孩子的一切。其实，在你成长的过程中，母亲并没有改变，对你的爱也没有改变，只是你逐渐在长大，越来越希望做独立的自我，但你想象过没，你的一声"咆哮"会让母亲伤心很久。

善良明理的男孩们，从现在起，不妨试着去理解母亲的唠叨。为此，你要做到：

1.真正理解母亲的角色

在家庭角色中，有一个很难扮演的角色，那就是母亲，一个女人从步入婚姻家庭开始，就成为一个妻子，然后成为一个母亲。每个母亲都会把自己的角色当成一生的事业来经营，她们要面对柴米油盐的琐碎，要照顾孩子的生活起居，要承担孩子成长的欢乐忧愁……为了家庭和孩子，她们操碎了心，但很多时候，只换来孩子的不理解。

如果你能感受一下母亲的艰辛，也就能从心底真正理解母亲的唠叨。

2.偶尔为母亲搭一把手

你已经是一个男子汉了，生活中，对于你自己的事，一定要自己处理，要学会自理。另外，母亲毕竟是一个女人，你要像一个真正的男子汉一样保护他。闲暇时间，帮母亲做一些家务吧，尤其是体力活，这会让她真正感受到儿子长大了，她一定会从心底里感到安慰。

3.孝顺男孩不叛逆

要真正理解母亲，就不要做问题男孩，不要让妈妈担心。不难想象，你和小伙伴在网吧彻夜不归的日子，她是多么担心；你和社会青年在一起混日子的时候，她有多么害怕你会走错路；你和同学打架受伤的时候，她比你还疼……青春期固然会遇到一些成长上的问题，但妈妈可以是你倾诉的对象，可以是你的知心朋友，妈妈是过来人，会帮助你度过不安的青春期。

当然，你可以做的还有很多，但无论如何，你要理解你的妈妈，对于妈妈的唠叨，也别再唱反调了。

父爱如山，感悟爸爸深沉的爱

生活中，我们能发现，母亲给予儿子的是无条件的、细腻的爱，表达的机会也更多；但是爸爸则不同，他只有在儿子取得成绩的时候才把爱作为一种奖励给他。而青春期男孩，内心更加细腻敏锐，爸爸的这种不善于表达会被儿子看作爸爸不爱自己，在这种心理的影响下，一些男孩会把自己的叛逆表达出来。然而，男孩们，你做到理解爸爸了吗？

父爱如山，身为一家之主，作为男人的爸爸需要担负起养家的重任，因此他们常常忽略对子女的关注和教育，但他们无时无刻不在默默地关心孩子的成长。他不会在你摔倒时过来扶起你，而是让你自己站起来，因为他希望你成为一个真正的男子汉；当你做错事时，他不会像母亲那样和声细语地劝慰，而是疾言厉色地训斥你，因为他希望你记住什么是对、什么是错；当你取得好成绩时，他不会热烈地拥抱你，而只有冷冷的一句“不要骄傲”，因为他希望你能再接再厉，不要被成功冲昏头脑……但你又发现没，在你生病时，他也会着急得像热锅上的蚂蚁，他可能不像小时候那样会把你放到肩膀上行走，也不会陪你踢球、玩玩具，但是他对你的爱从未改变！

在每一个家庭中，父亲的影响都是巨大的，尤其是对于男孩来说，父亲会教会你怎么做人，怎么成为一个有担当的男子汉，怎么成为一个受人欢迎的男人。

有个成年的男子在自己的日记里这样写道：“我的父亲是我衡量男性的标准，父亲是最可爱、最合人意、最值得尊敬、最有责任感、最有教养的……他是我所认识的人中最伟大的男

人。我希望我未来能像父亲那样伟大。”

这位成年男子的父亲是成功的，父亲为他树立了一个有责任感的、坚强的男子汉的榜样。

同样，青春期的男孩们，可能你的父亲并不是那么完美，偶尔会不拘小节、浑身臭汗，也不会表达对你的爱，更没有太多的时间陪你，甚至偶尔会对你大喊大叫、训斥你，但父亲始终是爱你的。

始终记住，父母是你最坚强的后盾

上了初中以后，强强变得越来越不听话了，经常在学校惹事，他的爸爸经常被老师请去，这不，强强又在学校打架了。回家后，爸爸并没有训斥孩子，而是心平气和地把孩子叫到身边。

“我知道，老师肯定又把你请去了，我今天是少不了一顿打。”儿子先开了口。

“不，我不会打你，你都这么大了，再说，我为什么要打你呢？”爸爸反问道。

“我在学校打架，给你丢脸了呀。”

“我相信你不是无缘无故打架的，对方肯定也有做得不对的地方，是吗？”

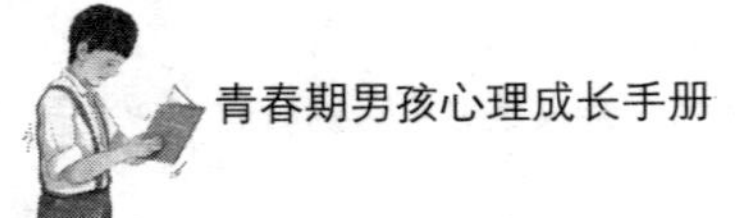

“是的，我很生气。”

“那你能告诉爸爸为什么和人打起来吗？”

“他们都知道你和妈妈离婚了，然后就在背地里取笑我，今天，正好被我撞上了，我就让他们道歉，可是，他们反倒说得更厉害了，我一气之下就和他们打了起来。”儿子解释道。

“都是爸爸的错，爸爸错怪你了，以后别的同学那些闲言闲语你不要听，努力学习，学习成绩好了，就没人敢轻视你了。不过，答应爸爸，以后不管遇到什么心事，都要跟爸爸妈妈说好吗？我们是你最坚强的后盾，是最爱你的人。”

“我知道了，爸爸，谢谢你的理解。”

这里，强强爸爸说得对，青春期男孩，有了心事，要多和父母沟通。

的确，青春期是男孩身体逐渐发育成熟的时期，伴随生理的逐渐成熟，男孩在心理上也需要一个过渡期，在这个过渡期，男孩会藏一些心事，有学习上、情感上的，也有生活上的。他们对爱情有了一些懵懂的向往和憧憬，对异性有了那种青涩的喜欢。初恋，是那么美好，但也有那么多的烦恼。青春期是学习的年龄，但课程负担的加重也让女孩累得气喘吁吁，总有数不完的考试，数不完的作业，加上家长的唠叨，男孩甚至想逃学了。但无论是什么心事，青春期男孩，你都不要把它深藏心底，不要让这些心事成为负担，青春期是个快乐的年纪，学会释放，释放掉不良情绪和排解不快的心事，青春才更

健康、积极！

另外，我们不难发现，在一些有男孩的家庭，随着男孩逐渐长大，亲子之间的关系也不如男孩小时候亲密，有的男孩甚至不服父母的管教。这里，也许是父母的教育方法不正确，但作为男孩自身，你也应该学会理解父母，此时，你需要的是有效的沟通。沟通是什么？沟通的目的在于达到人与人之间的互相理解，是到达彼此内心世界的一把钥匙。有了沟通，有了倾诉，再刚硬的人，内心也会被融化；有了沟通，有了倾诉，再难解决的青春期成长问题也会解决。

青春期的男孩们，你要明白，你的父母不仅是你的长辈，更是你成长路上的朋友，有了心事不要自己一个人扛，告诉父母，他们会给你最中肯的建议。

长大了，就要学会为父母分忧

在一次课堂上，老师为同学们讲了这样一个故事：

有个小男孩，从五岁开始，因为家境贫寒，他不得不工作。他的工作就是捡垃圾，每天放学后，他会捡一个小时的垃圾，然后拿到附近的垃圾回收站，再拿换到的钱去附近的小卖部去买点面条或者酱油等，剩下的钱他会自己存起来，就这样，一直维持到他十五岁。十五岁那年，他的爸爸突然得疾

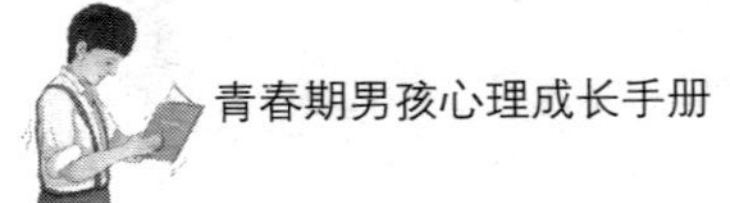

病，需要钱做手术，妈妈和其他亲戚心急如焚，不知从哪里筹钱，这时，他将一万多块钱拿给妈。

妈妈问："你怎么会有这么多钱？"

他说："我是家里的男子汉，从小存的，以备不时之需，这次能用上了。您拿着吧。"拿着钱，母亲的眼睛湿润了，给了他一个大大的拥抱。

听完这个故事，男孩们，你是否也会被感动？一个五岁的男孩就懂得为父母分担，在自己的父亲有性命之忧时，他救了父亲一命，这就是一个男子汉的责任心，更是孝心。你是否也是这样的男孩？

孟子曰："不得乎亲，不可以为人；不顺乎亲，不可以为子。"这句话的意思是，儿子与父母亲的关系相处得不好，不可以做人；儿子不能事事顺从父母亲的心意，便不成其为儿子。孔子说："孝悌者，为人之本也。"孝为"百德之首，百善之先"。古人说，百善孝为先。一个对自己长辈都不尊敬、不善待的人，会是有爱心的人吗？孝敬父母是中华民族的传统美德，也是各种品德形成的前提。试想，一个人若连父母都不爱、不敬、不孝，又怎么会爱朋友、爱同学、爱老师，成为一个人格健全的人呢？

因此，男孩们，从现在起，不妨和故事中的男孩一样，帮父母分担一点。对你而言，这也是你不断前进和完善自己的动力。真孝敬父母，就应该听从父母的教诲，不应随便顶撞，

有不同想法应讲道理；真孝敬父母，就应该严格要求自己，体谅父母的艰辛，尽可能少让父母为自己操心；真孝敬父母，就应该为父母分忧解难，在父母生病时，在父母有困难时，尽力去关心照顾父母、协助父母；真孝敬父母，就应该刻苦学习，努力求知，让父母少为自己的学习担忧；真孝敬父母，就应该在离家外出时自己照顾好自己，注意安全，若外出时间较长，应及时向父母汇报情况……总之，你要把真正的孝心体现在言行上。

感恩父母，从生活中入手

这天，妈妈和小雷在看电视，看到这样一则广告：

一个大眼睛的小男孩，吃力地端着一盆水，天真地对妈妈说："妈妈，洗脚！"

看完后，小雷流泪了，他对妈妈说："妈妈，以后，我也要对你和爸爸好，像这个小男孩一样。"

听到儿子这么说，妈妈感到很欣慰。

青春期男孩们，看到这则广告，可能你也会被感动，不只为了可爱的男孩，也为了那一份至深的爱和发自内心的感恩。这样的事，你也能做到，但你真的做过吗？你真的懂得感恩的真谛吗？

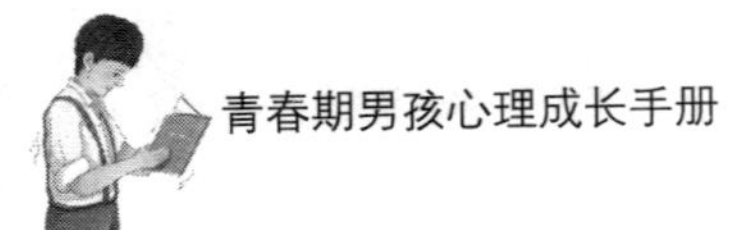

生活中的男孩们，你是否体会到了父母的良苦用心？是否真正地感恩父母给予自己的无私大爱？是否真的有对自己身边的二尊佛（父母）尽过孝心、行过孝道？人们常说，“百善孝为先”，一个人能够孝顺，他就有一颗善良、仁慈的心，有了这份仁心，就可以使许多的人受益。如果心中存有爱，那么首先爱的应该是自己的父母，其次才谈到爱他人，爱集体，爱社会，爱祖国……

然而，在家庭生活中，我们还可以看到这样的情景：吃过饭后，男孩扭头看电视或出去玩，父母却在忙碌着收拾碗筷；家里有好吃的，父母总是先让儿子品尝，儿子却很少请父母先吃；儿子一旦生病，父母便忙前忙后，百般关照，而父母身体不适时，孩子却很少问候……

可能你会说，等我长大了、有钱了，我会给父母买很多好吃的；也有人说，等以后长大了有时间了，会多陪陪父母，但“树欲静而风不止，子欲养而亲不待”，父母有这么多时间来等你吗？对父母的孝心或许更应该在平时的生活中体现吧！

具体说来，你需要这样做：

1.做些力所能及的事，帮父母减轻负担

处于青春期的你已经有了一定的行为能力，生活中的很多事你完全可以自己做了，对于这些事，你就不要再麻烦父母，比如，自己的衣服自己洗、自己的被子自己叠、自己收拾书包和房间等。另外，你还可以帮父母做一些家务，比如，放学回

家后，爸妈还没下班，你可以先煮好饭；周末，你也可以抽出半天时间帮爸妈进行大扫除等……这虽然都是一些小事，却能真正感动父母。

2.关心父母的健康

父母虽然是你的“大树”，但并不是铁人，在紧张的工作和繁重的生活压力下，他们也会生病。当他们生病时，你一定要懂事。你可以为他们端茶递水、为他们做顿饭，相信他们一定会有所触动。

3.常对爸妈说“我爱你们”

虽然只是简单的四个字，却凝聚了你所有的感激之情，也是对父母最好的回报。

4.不要忘记在爸妈的生日、结婚纪念日和感恩节时送上一份礼物

这份礼物并不须太昂贵，但一定要用心。你可以学习织围巾，然后亲自为父母织一条；你可以在他们生日或者结婚纪念日、感恩节时亲自为他们做顿饭，让父母享受一次被“照顾”的感觉，他们一定会感到很幸福。

总之，孝心是拿来做的，不是拿来说的。男孩们，为人子女，一定要把感恩父母的行动贯彻到日常生活中，把你对他们的爱落到实处，这样才能让他们感到你真的长大了。

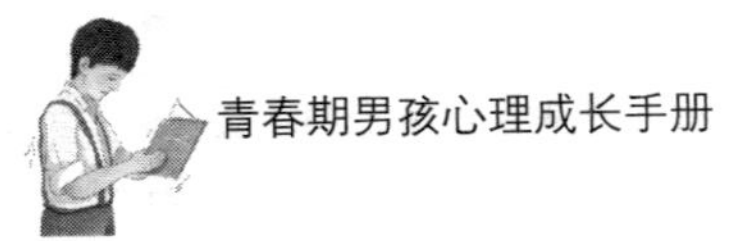

别把父母的付出视为理所当然

曾经有位艺术家在自己的演唱会开场前掩面哭泣，然后哽咽着说了这样一段话："很小的时候，都是父亲陪着我、看着我、逼着我练琴，十几岁的时候，我还经常为此跟父亲吵架，那时候我常感到心里很委屈。然而父亲的双手一直在我身后有力地托举着我，直到我取得今天的成绩。明天我父亲年满80岁，这场音乐会也算是回报给父亲的一个礼物，也希望现在像我小时候一样在心里偷偷抱怨父母的孩子们，能早点体会到天下父母心。"

这是一段过来人的心声，我们不禁会感叹，血浓于水，父母给予我们的爱是我们一辈子的财富。可是生活中，又有多少青春期男孩能和这位音乐家一样读懂细腻的亲情并懂得用心感恩呢？日常生活中，很多时候，青春期的孩子，也许曾经抱怨过父母、不理解父母，甚至与父母对着干，但是你会发现，无论你做什么，父母依然会对你不计回报地付出。然而，被父母捧在手心里的男孩们，又有多少人能感受到父母的爱呢？相反，很多时候，因为生活中的琐事，他们故意与父母斗气，伤透了父母的心。

男孩们，千万不要把父母的付出当成理所当然。人们常说，可怜天下父母心，这个世界上最不容易怀疑的爱就是父母的爱。爸爸妈妈是世界上最美的称呼。父母亲，也许平凡或杰

出，也许目不识丁或学识渊博……但有一客观真理：无论自己的孩子是不肖，还是优秀；是残疾，还是健壮；是平民布衣，还是英雄豪杰……天下的父母亲没一位属例外，都是如此无私、宽容地爱着自己的孩子。第一声啼哭，第一次吃奶，第一次笑，第一次翻身…… 这些，你都在无记忆中完成；父母的记忆里，却从此多了许多鲜活的内容。当你日渐长大，你的心绪、喜怒、失衡的、偏激的、好的、坏的……你都在无意识中我行我素着；而父母的内心里，却从此多了无尽的担忧，生怕一个不小心，你就在人生的轨道上走偏了，他们从此有了失眠，黑发也渐布银丝，体格也日趋不如以前。

了解完这一点，你就要学会感恩，具体说来，你需要做到：

1.关心你的父母

实际上，父母何尝不希望自己的子女能在生活中多关心一点自己呢？只是他们更习惯于付出。从现在起，每天不要忘了从生活细节上关心父母，关心他们的健康，关心他们的生活起居。比如，你可以说："爸妈，早点休息。""妈，少吃点辣椒，火气大。"这些看似微不足道的语言，却能让你的父母由衷地感到幸福。

2.理解父母

居家过日子，难免磕磕碰碰。有时候，父母的行为、语言可能会导致家庭纷争，但对此，你一定要保持良好的态度，对父母报以理解，比如，你可以说："妈，我知道你这样做是为了我好……但是……”

3 .感谢父母

你是否还在享受母亲每天为你准备的晚餐？你的父亲是否经常给你额外的零花钱？你的那些脏衣服是谁洗的？那么，你对父母说“谢谢”了吗？你对他们说“辛苦”了吗？不要以为父母对你的付出是理所当然的。

父母总是吵架，我该怎么办

孩子一到了青春期似乎就有说不完的烦恼。

小志最近也是心神不宁，上课不专心，下课了也在学校游荡，好像就是不愿意回家。

这天，放学后，大概八点多了，小志还是没回家，爸爸妈妈给小志所有的同学都打了电话，也去了小志经常去的地方找了一遍，都没有看到他的影子。正当他们垂头丧气地赶回家时，却发现小志坐在小区操场里，他们赶紧走上前去。

“小志，你怎么在这里？你知不知道，你不回家，爸爸都着急死了！你说，你为什么不回家？”妈妈既关切又生气地问。

“你别吓唬孩子，让孩子自己说。”爸爸说。

“你就知道说我，你一点都不关心孩子。”

“我怎么不关心了……”

两个人吵了起来。

"够了，你们知道我为什么不回家吗？就是因为家里总是像战场。你们一天到晚吵个不停，我怎么学习、怎么看书？我很烦，不回去就是想找个地方清静一下。"小志一口气说完这些话，说得爸爸妈妈都安静了。

过了会儿，爸爸说："对不起，儿子，我们没有考虑到你的感受，让你受伤害了。不过你知道吗？婚姻里没有不吵架的，琐碎的生活难免让家人间磕磕碰碰，但我们每次吵完架都和好如初，没什么严重的事，你不要担心。这样，爸爸跟你保证，下次再吵的话，你就站出来惩罚我们好不好？"

"嗯……"

可能不少青春期男孩也遇到过父母吵架的问题，实际上，正如小志爸爸说得那样，父母吵架在所难免，作为子女的男孩，你不必紧张。

那么，具体来说，父母吵架，你该怎么办呢？

首先，你要明白的是，每个家庭都会有矛盾，难免会吵架，你不必紧张，而应该保持镇定，先找到解决的办法。因为，稍有不慎，或许会将矛盾更加激化。

另外，你需要找到父母吵架的原因，是因为一些琐事还是重要事情？通过这些，我们可以判断出父母之间的感情是浓还是淡。

若是前者，那么，很有可能是他们之间因为结婚时间长而

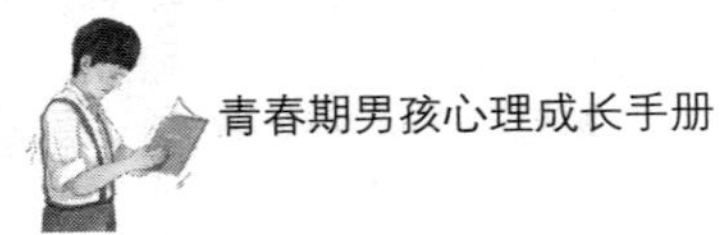

不再像新婚时那样感情浓烈了，彼此之间都有一些厌烦了，但并不是说没有感情。若是因为重要的事情而吵架，那么，则不必过于惊慌，这是正常的，稍微劝劝就好了。

让很多孩子最为头疼的，就是父母总会因为生活琐事而大吵大闹。正所谓家家有本难念的经，或许有一方面正是指的这个吧。不过，这并不是不可以解决。而解决的钥匙，就是作为子女的你！

男孩始终不要忘记，你是父母最疼爱的人，现在的你也是个男子汉了，父母吵架，你不要袖手旁观。对于父母吵架的现象，我们要动之以情，晓之以理。不要害怕父母不听你的。只要你的父母爱你，你就有成功的机会，而且这个机会还很大！因为，当你主动说出一番饱含真情的话之后，父母必然会认为他们生了一个好孩子，或者，当他们发现自己的孩子长大了、懂事了，火气也会消掉一点。再者，父母一般都喜欢听懂事的孩子的话！

总之，问题能不能解决，就看你怎么做了。人无完人，人的一生中总有错误，而你则是对父母吵架因素作出判断的中间人。

父母离婚了，我该怎么办

这天，在心理咨询室，有个十几岁的男孩来寻求医生的帮助，他说："这一年，家里发生了很多事。一年前，我就发现爸妈不像从前那么亲密了，他们经常吵架，有时候爸爸经常不回家，妈妈就哭到深夜，夜里我起来的时候还听见她的抽泣声，我不知道怎么帮助她。终于，前几天，他们把我叫到旁边，然后告诉我，他们离婚了。然后他们说，他们会继续供我读书……我听完后好难受，真想跳楼自杀，我以后怎么办？为什么不能和从前一样一家人开开心心地生活呢……"

"其实，应该体谅父母对不对？既然我们都爱爸爸妈妈，就应该让他们都好过。如果赖着不让他们分开，未免有些残忍和任性。家长都是大人，作出决定也不是说着玩的，他们一定都考虑了很长时间，分开也是很难过的。而且他们都很关心你，最不希望你因此而伤心难过。为了爸爸妈妈你也要振作！即使你想让他们重新和好，也需要时间，但首要任务是让爸爸妈妈看到一个坚强、懂事的你才好。"医生这样告诉他。

对于任何一个成长期的孩子来说，都希望有一个完整、和谐的家庭，父母相亲相爱，在这样的环境下成长，他们才会真正地快乐；一旦父母关系破裂，对于青春期的男孩来说，确实是一个不小的打击。那么，面对这种情况，你该怎么办呢？

1.在有可能的情况下，帮助父母重归于好

作为一个小男子汉，你应当用诚心、孝心和耐心尽力劝父母不要离婚，这会真正帮到父母、你自己还有家庭。

因为，一个幸福的婚姻对家庭，无论是对你自身的成长还是对父母的生活、事业的影响，都太大太大了。你要告诉父母的是，要想婚姻幸福，不管你的结婚对象是谁，没有别的方法，只有靠包容、靠扶持。只看对方优点，不看对方缺点；只反省自己的缺点，只找对方好处。

（1）你要劝爸爸心量大些。人们常说男子要刚，这个“刚”就是“包容”，劝爸爸一定要当得起“大丈夫”三个字，多包容妈妈，再说忍让妈妈也不是忍让外人。多看妈妈的优点，遇事不要争论，等事过境迁、场合合适时，私下里再把道理说给妈妈听。若爸爸能大义包容，又深明道理，妈妈心中一定会佩服爸爸。

（2）同时，你要劝妈妈看破、放下，过去的事情就让它过去。人们常说女子要柔和，“柔和”也是包容，对爸爸要有包容心，心中有主意，做法上能屈能伸。要多尊重爸爸，要多看爸爸的优点，遇事心平气和，不要争论，等事过境迁、场合合适时，私下里再交流看法。

另外，你要做个好孩子，对爸爸妈妈要恭敬孝顺；多关心自己的爸爸妈妈；多帮忙做家务；平常言行中如果有对父母不尊重的地方，要向爸爸妈妈忏悔；多找爸爸妈妈的好处，同时

劝导父母各找对方的好处，越多越好。

你一定要用诚心和孝心来劝导父母，他们有你这样的好孩子，也许会回心转意的。

2.当然，在父母心意已决的情况下，你要做的就是心态平和地接受。父母还是爱你的，只是他们不在一起生活了，切不可因为父母离婚的事而意志消沉，要把精力放到学习上。等你过了青春期，你便能理解父母了。

换位思考，青春期我不做叛逆男孩

杨先生在警局工作，一次，他在与同事谈到案件时说："现在的初中生，一个个都很叛逆，就说昨天吧，一上午，我们就接到了三个家长来报案，他们的孩子都离家出走了，而这些孩子出走的原因都是跟父母发生争执，被父母打后负气离家，庆幸的是，这些孩子都平安地回到了家人身边。"

他的同事回答："是啊，孩子到了初中进入青春期，也就进入了叛逆期，其实，孩子出走也并不全是孩子的过错啊，他们毕竟还小，如果父母注意自己的教育方式，做孩子的朋友，可能孩子就不会有那么大的抗拒情绪了，父母以暴制暴的教育方式只能引起孩子更大的反抗，很多孩子会以离家出走的方式来对抗父母。不过，我们家坤坤很懂事的，他常常对我说'妈妈辛苦了’，也很理解父母的辛苦。他跟楼上楼下那些邻居的孩子不一样，我也为有这样的儿子感到骄傲。”

案例中的男孩坤坤是个懂事的孩子，懂得换位思考，替父母着想，然而，我们的生活中，有多少这样的男孩呢？想必不少青春期男孩都是叛逆的吧！

古语说“儿行千里母担忧”，孩子是父母生命的延续和希望，是父母心中永远的牵挂。可能他们的教育方法并不一定正确，但他们都希望孩子能成才，如果每个男孩都能学会换位思考、学会将心比心，那么生活中一定会多份理解、和谐与幸福！

在你很小的时候，相信父母都教育你要拥有一颗感恩的心，要做到感恩，首先要学会理解父母，不做叛逆的男孩，为此，你需要做到的是：

1.关心父母

比如，妈妈生病卧床，你可以为她递水、送药。要记得父母的生日并为他们送上一份礼物等，你的关心会让父母觉得你懂事了，并为此感到欣慰。

2.凡事替父母想想

大部分青春期的男孩会以自我为中心，因为他们不知道自己的行为会给别人带来什么样的负面影响。你可以尝试从父母的角度思考问题，比如，他们为什么不让你做这个、不让你做那个？从父母的角度考虑，不但能令你对父母多一份理解，更能解决你的很多困扰。

3.学会与父母分享

青春期的你已经有了自我意识，你应该开始认识到自己在家庭中的位置。比如，有了好吃的，不要总是想着一个人吃，可以根据家里的人数分成几份，分给父母。

另外，你还可以与父母分享你成长中的快乐与忧愁，对父母敞开心扉，才能拉近亲子间的距离。

4.做力所能及的家务劳动，尽一份对家庭的责任

爸爸妈妈每天除了工作以外，还得照顾一家老小，你已经进入青春期了，也应该学会为他们分担一点了。你可以从最简单的家务做起，帮爸妈洗洗碗、做做饭、拖拖地，他们会为此感到欣慰的。

可怜天下父母心，每个父母都是爱孩子的，可能父母不懂得怎么去教育你，但请你理解，他们是爱你的，希望你也能理解父母，别做个叛逆少年。

亲友离世，好难过

小凯已经16岁了，这几年，他的心头一直有死亡的阴影。他害怕自己出现心理疾病，于是去求助心理医生："三年前，爸爸突然车祸去世，前段时间，妈妈的姐姐也就是我的大姨也在家里脑溢血去世，突然的。从爸爸走的那一刻起，我便开始

害怕坐车，害怕亲人出门，坐车怕出车祸，坐飞机怕飞机失事。我怕自己死，也怕亲人突然离开，我知道人都会死，但不想再有这样突如其来的消息。到底要怎样才能克服这种恐惧？很多人经历过亲人的离去，但大部分人都能在亲人最后的时间陪伴他们，这样也好过突然失去一个人。我真的无法接受，现在每时每刻都在担心害怕，总能想到死亡、想到各种各样的危险。我要怎么办？”

关于生老病死，自古以来，人们就有很多感慨，生命脆弱，谁也无法阻挡死亡的到来。对于一个青少年来说，突然面对亲人的离世，可能有点难以接受，但无论怎样，你要懂得的一点是，人都有生老病死，生活中也总是充满意外和不幸，你能做到的就只有调整好心态，继续上路。

对黑暗与死亡的恐惧是人的天性，有些青春期的男孩会在亲友离世后出现做噩梦、无法入睡的情况，并对死亡产生恐惧，但一般几天后就会自愈。著名的哲学家罗素提出过这种缓和恐惧情绪的技巧，即：只要你坚持面对最坏的可能性，并怀着真诚的信心对自己说“不管怎样，这没有太大的关系”，你的恐惧情绪就会降到最低限度。

当然，如果真的影响到生活，就要寻找心理医生的帮助，对于这点，专家给出了以下建议：

对于已经存在的恐惧事件，与其逃避，不如正视它并改变它。观念上要明确，只有面对才能消除恐惧。你必须鼓起勇气

去正视死亡，开始时你可能会有些恐惧不安，但经过几次尝试后，这种恐惧感就会慢慢消失。如果单独练习不能奏效，可让你的家人或朋友陪着练习，必要时可找心理医生咨询。

总之，青春期的男孩们，亲友离世，可能对你有很大的打击，令你有挫折感，甚至恐惧死亡。但消除任何恐惧的唯一方法就是正视它，只有正视才能克服，你首先要正视死亡问题。其实，我们要明白的是，生命脆弱，人都会生老病死，生与死，都只是人必经的阶段。谁也无法控制和阻挡死亡的来临，你放平心态，坦然接受，就没什么可害怕的。

第10章

飞扬青春，男孩要提高自己的自我管控力

青春期的男孩身上，似乎总是流着叛逆的血液，但是，如果你想快乐、充实地度过青春期，就必须要提高自己的管控力。所谓管控力，即自我控制与管理，指对一个人自身的冲动、感情、欲望施加的控制。自控力是一个人成熟度的体现，没有自控力，就没有好的习惯。自控力属于意志力的范畴，一个人的自控力如何，直接关系着他的健康、人际关系乃至事业成败。男孩要想形成良好的管控力，就要从现在起，把自我控制与管理运用到生活和学习中。

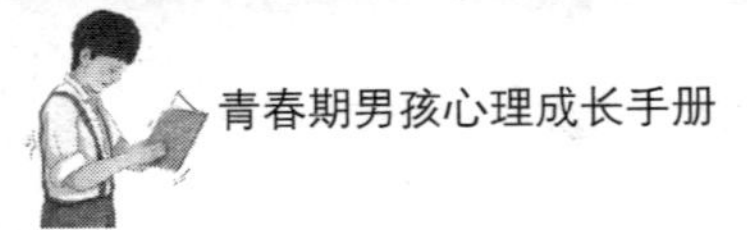

男孩提升自控力，先从“管住嘴巴”开始

小胖已经14岁了，和其他青春期的孩子一样，他也是爱吃零食的人，尤其是对于巧克力的诱惑，他总是无法抵挡。但就因为这样，才14岁的他已经一百四十多斤了，他告诉自己，必须学会控制自己的嘴巴。

其实，小胖是个很有毅力的人，在小学五年级的时候，他还是全班倒数，但现在，他已经是学习上的尖子生了。对于美食的诱惑，他相信自己一定也有毅力抵御。

曾经一段时间内，源自巧克力的压力一直沉甸甸地挂在他心头。但他问自己，如果偷偷吃了一块，那么，我会找借口鬼鬼祟祟吞下另一块吗？这种压力如此之大，以至于小胖把所有的巧克力都分给自己的朋友吃了。而现在，他对巧克力，已经没任何欲望了。

案例中的小胖是个自控力很强的男孩，在意识到巧克力对自己身体的危害之后，他果断地将其“戒掉”。这对于很多无法抵抗住美食诱惑的青春期男孩来说是一个最好的激励。

每个青春期男孩都要明白一点，抵御美味的诱惑是自控的第一步，一个人连自己的嘴都控制不住，又怎么能控制自己的

行为，最终掌控自己的人生呢?

专家警告说，一旦染上“吃瘾”，要想改变这种危害身心的饮食习惯，其实比那些有毒瘾和赌瘾的人戒掉恶习更艰难，因为，我们每天都需要“吃”，以此来补充身体的能力，我们不可能彻底戒掉“吃”。

对于那些偏胖的青春期男孩来说，可能在饮食上都会有这样一种经历：你有一些被禁止的食物，但你偶尔会心痒，会主动去尝试一下这些食物，你认为只吃一口没什么事，但你没有料到的是，你根本没有毅力控制自己不去吃第二口，而吃了一种被禁止的食物就会想吃第二种……等意识到这个问题的时候，你发现自己在半个小时内已经吃掉了相当于一个月的被禁止的食物。

而导致无节制饮食的关键是没有始终把自己的行为和最终目标联系在一起。你要问自己，你吃的目的是什么，吃完是否达到目的了？如果你能得出正确的答案，你也就能做出明智之举。

下面是几条帮助你管控嘴巴的方法：

1.某些食物坚决不要尝试，也就是说，没有开始就不存在停止一说。

2.最好不要独自进食。在与他人同时进食时，暴饮暴食会让你感到尴尬，这样你也就能收敛自己的嘴。

3.尽量避免与那些与你有同样饮食问题的人一起进食，因为他们的饮食习惯也会给你错误的暗示。

4.不要在家中存储那些会诱惑你的食物。

5.用餐之后，请立即把所有的餐具刷洗干净，然后刷牙、洗脸，这样，有事可做的你便不会因为无聊而再去进食。

以上这五点规则可能会对你有所帮助，另外，如果你实在无法控制自己的欲望，请打电话给你的朋友吧，告诉他们你的想法，让他们帮助、劝导你。总之，你要对你自己负责，要把无节制饮食的习惯彻底根除，而不是向它投降。

克服依赖心理，培养独立自主的能力

任何人的成长过程都应该是一个逐渐独立与成熟的过程，但现代社会，对有些青春期的男孩们来说，对别人尤其是父母的依恋常常困惑着自己。一旦失去了可以依赖的人，他们往往不知所措。如果你具有依赖心理而得不到及时纠正，发展下去有可能形成依赖型人格障碍。

我们不难发现，社会上有一些富家子弟，他们受到了教育的“温室效应”的毒害。教育的“温室效应”主要是指受教育者受到家庭、社会、学校尤其是家庭方面的过分溺爱，造成他们任性固执、追求享受、独立性差、意志薄弱、责任感淡漠等弱点的社会现象。对于他们来说，破除对他人的依赖极为

重要。

男孩们，从现在起，你必须学会自己面对很多问题，为此，你需要做到：

1.要充分认识到依赖心理的危害

这就要求你纠正平时养成的习惯，提高自己的动手能力，不要什么事情都指望别人，遇到问题要作出属于自己的选择和判断，加强自主性和创造性。学会独立地思考问题，独立的人格要求独立的思维能力。

2.坚持自理

进入青春期的你，已经不是儿童了，因此，你应该开始自理了。这时，即使家长要为你包办，你也应该拒绝，只有大胆动手尝试，坚持自己动手，才能在潜移默化中培养自理能力。另外，你需要做到坚持到底，不要凭一时的新鲜做事、不能保持持久，因为自理能力不是一朝一夕能培养成的，你需要对自己进行反复的强化和持之以恒的锻炼。

3.学会独立应变生活中的一些问题

不管做什么事，总会有一个从不会到会的过程。你可以独立去面对一些生活中的小问题。比如，妈妈不在家，你自己做饭吃；家里来了客人，你主动招呼等。

亲爱的孩子，你要明白，现在的你已经是大人了，你应该在生活中照顾自己，遇到困难时，也不要总是想着求助于父母，当然，有些问题你也可以向父母寻求指导。

心无旁骛，认真专注才能提升学习效率

处于青春期的男孩，心灵深处总有一种茫然不安，这种不安让年轻的男孩们无法宁静、无法安心学习。实际上，专注力是自控力的一个重要方面，要提高自己的专注力，你需要从以下几个方面努力：

1.学习时不做其他事

如果你决定了学习，就不要再去做其他事，如听歌、看电视等，一心二用无法让你提高学习效率。

2.排除干扰

学习前，请收拾好你的书桌，关闭手机，关闭电脑的浏览器等，避免那些容易使你分心的事。

3.动机

明确你学习的动机会有助于加强你的专注力，并且能让你完成任务。你要知道你为什么要专注于学习，而且要清楚如果你不专注于学习会有什么样的后果。

此外，你可以想象一下，假如你朝着一个方向前进，你的生活将会是什么样子的。想象一下你理想中的生活，让它清晰可见并让它时刻浮现在你脑海中。

4.深呼吸

当你开始新的一天时，问自己一个问题："我在呼吸吗?"然后做几次深呼吸。做事时，问问自己："我现在感觉放松

吗?”如果你的回答是“不太放松”，那么什么也不要做，先深呼吸。

总之，亲爱的孩子，希望你能明白，在对有价值的目标的追求中，坚忍不拔的决心是一切真正伟大品格的基础。高度的专注会让人有能力克服艰难险阻，完成单调乏味的工作，忍受其中琐碎而又枯燥的细节，从而使你顺利通过人生的每一个驿站。

责任感的形成是男孩成熟的标志

对于青春期的男孩，责任感的形成是他们成熟的一个标志。那么，什么是一个男人的责任感呢？青春期的男孩又应该怎样培养自己的责任心呢？

1.对自己负责

做任何事，都要懂得对自己负责，因为任何人的人生都是自己活出来的，处于青春期的男孩也一样。为自己负责，就是要珍惜生命、尊重理想、抵抗诱惑、克服缺点等。当然，处于青春期的你还无法担当太多，但你在任何时候都要明白，命运掌握在自己手里。没有人能控制你，要有活出自我、活出风采的态度。

2.对社会负责

任何人都是社会人，脱离社会，任何人都会失去价值，也没有任何意义可言。因此，社会责任感是一个人必须具备的素质。

在当今的多种社会形态下，基本是由男人占据着社会的主动地位，可以说，是男人在操控着整个世界。这种情况下，男人自然肩负着更多的责任，但凡是有思想的男人，就会有责任感。

那么，在现实生活中，男孩具体应该怎么做呢?

1.提高修养，学会自律

男孩们，你要表现自己的风范和气质，首先要改正自己的陋习，慢慢养成良好的学习习惯，学会约束自己，即使没有父母和师长的“监控”，也能非常自觉、发自内心地去读书、去学习、去交际。这需要男孩养成：专心听讲的习惯；勤思好问的习惯；认真做作业的习惯；搜集资料的习惯；合作探究的习惯；周期学习的习惯。

2.以一个家庭成员的身份为父母排忧解难

虽然你还未成年，但作为父母的儿子，你也有责任为父母分担一些家庭中的任务，哪怕是一些小事，因为家庭是培养责任心最重要的地方，因为家庭的建立是以爱为基础的，男孩只有先懂得爱父母，才能懂得爱其他人。而对父母的孝心，并不是一句空话，需要男孩在生活中一点一滴地体现，例如，多帮父母做做家务，学会自理，多和父母商量家里的一些大事等，这会让他们感觉到儿子已经长大了，并为此感到欣慰。

3.多帮助周围的人，把自己当成集体和社会的一分子

一个人的责任心体现在社会中，就是造福于社会。青春期的男孩们能力还有限，但可以从小事做起，比如，保护环境，积极参加各种公益活动等，这都不失为一种责任心的表现。

培养良好的时间观念，绝不拖沓懒惰

对于任何一个青春期男孩来说，时间都是尤为珍贵的。一寸光阴一寸金，寸金难买寸光阴，任何知识的获得，都要花费时间。考场上，差一分钟，你的成绩就差一个名次；时间渐渐流逝，你告别了童年，多了一点烦恼……

因此，青春期的男孩，要正确地认识时间的作用，不要荒废了大好的青春期，要把时间观念当成追求成功成才路上必须培养的品质之一。良好的时间观念有助于男孩的健康成长。守时、惜时的男孩，往往懂得学习时间的珍贵，学习效率会更高，会有竞争意识，因此，他们的心智的成熟程度较高，对外交往能力也强。那么，男孩应该怎么做呢？

1.珍惜时间，要有目标性地学习

对“时间”懵懂不明的男孩，很少要求自己何时何地完成什么，换言之，很少有主动的目标，因此学习成绩往往较差。

对此，男孩最应该知晓的就是时间的重要性。古诗云：“少年易老学难成，一寸光阴不可轻。未觉池塘春草梦，阶前梧叶已秋声。”你如果想在有生之年学有所成，就应该珍惜并科学地花费每一天的时间。

在学习上，你要学会为自己制订计划，在规定的时间内一定要达到目标。长此以往，就会有收获。

2.懂得休息

青春期的确应该努力学习科学文化知识，充实自己，而这就需要男孩懂得安排自己的休息。比如，你需要在疲劳之前休息片刻，这样，既避免了因过度疲劳导致的超时休息，又可使自己始终保持较好的学习状态，从而大大提高学习效率。另外，青春期是长身体的阶段，充足的睡眠尤为重要，打疲劳战往往会适得其反。

3.学会充分利用业余时间

很多青春期男孩喜欢把自己的业余时间放在听流行歌曲、玩游戏上，其实，这都是在浪费时间。同样是听歌，如果是听英文经典歌曲，不仅能培养自己的审美情趣，还能在无形中练就自己良好的听力。另外，一些经典的电影也是值得一看的。在训练智力上，你可以学一学围棋，而不是打游戏，围棋是最能体现一个人智商的才艺。

4.遵守约定时间，做可信任的朋友

在与人交往的过程中，时间观念不明的男孩也会面临“信

用缺失”的危机。久而久之，同学和朋友就会对动辄迟到、缺席的他有批评、有疏远，认为他讲话不算数、不守信用，这将严重阻碍男孩“外交活动”的正常进行。

对此，时间观念差的男孩，可以给自己列一个备忘录，这样，就能有效提醒自己。

提高财商，合理规划自己的钱财

青春期的男孩们，你平时怎样理财呢?

理财的目的在于合理规划自己的钱财，使得自己和家庭的钱财处于一种最佳的分配状态，这是一种长远打算的需要。现代社会，人们对理财的意识越来越强烈，从此种意义上说，理财也应该伴随人的一生。青春期的男孩们，当你开始有零花钱的那一刻开始，你就应该懂得合理分配自己的财产了，这对于你以后的收支分配的均衡是有好处的，另外，青春期也是理财的起步阶段，是学习理财的黄金时期。在此阶段，如果男孩能够养成一些较好的理财习惯,掌握一些必需的理财常识，往往可以受益终生。

但大多数男孩理财能力薄弱，平常在家要么是大手大脚惯了，要么从不和钱打交道。因为理财教育的欠缺，很多人直到工作后很长一段时间仍然缺乏独立的理财能力。

对于青春期的男孩来说，要想作好理财规划，最重要的是养成良好的理财习惯：

1.懂得积累。其实，生活中有很多“小钱”，是可以积少成多的，这里几元，那里几块，看似不起眼，但积少成多就是一个大数目。

2.不铺张浪费，懂得节约。尤其是处于学生时代的青春期男孩，对于吃穿不要太过讲究就，吃要营养均衡，穿要耐穿耐看，住要简单实用，行要省钱方便。节约用钱，也是培养自己吃苦耐劳的重要方法。

3.学会记账和编制预算。这是控制消费最有效的方法之一。其实记账并不难,只要你保留所有的收支单据，抽空整理一下，就可以掌握自己的收支情况，从而对症下药。

4.要保证良好的资产流动性。富余的支付能力，不要将资金链绷紧。现金为“王”,没有必要的现金支付能力，常常会使自己陷入一种走投无路的境地，特别是遇到意外事件时，手持必要现金的重要性就更加体现出来。

自我反省，查缺补漏

男孩们，你该如何做到经常反省呢?

1.了解什么是反省

当我们遇到问题时，应该学会反省，反省自己的行为、反省自己的思想。我们要承担自己的责任，学会反省自己的言行。任何时候，学会反省自己，始终是最明智、最正确的生活态度。

那么，什么是反省呢？反省，即检查自己的思想行为，检查其中的错误。古人云：“知人者昏，自知者明。”的确，人贵在有自知之明，试想，如果一个人自己不能了解自己，目空一切、心胸狭窄、心比天高，又怎么会虚心进取？就更不用说成功了。

2.及时总结

无论是学习，还是其他方面，只有做到及时总结，才会及时反省，尤其是对于错误和失败。只要能从失败中学得经验，便永不会重蹈覆辙。失败不会令你一蹶不振，这就像摔断腿一样，它总是会愈合的。大剧作家兼哲学家萧伯纳曾经写道：“成功是经过许多次的大错之后得到的。”

总之，亲爱的儿子，你要做一个善于自我反省的人，只有这样，才能够发现自己的缺点或者自己做得不够好的地方，然后加以改正，使自己不断进步；才能够扬长避短，发挥自己的最大潜能。

参考文献

[1]胡琳.父母送给青春期男孩的枕边书[M].北京：中国纺织出版社，2015.

[2]沧浪.男孩成长记[M].北京：中国妇女出版社，2016.

[3]沧浪.成长的秘密：青春期男孩心理成长手册[M].北京：中国妇女出版社，2016.

[4]章程.送给青春期男孩的成长礼物[M].北京：化学工业出版社，2016.